一生使える理論が身につく

# 大人の学びなおしメイク

兵藤小百合　著
漫画・絵　菜々子

マイナビ

# はじめに

メイクは正解があるものではなく、自分で正解というジャッジを下すもの。しかし、それを自分の感性やセンスだけで判断できる人と、そうでない人がいると思うんです。

私はメイクアップアーティストという職業柄、前者と言いたいところですが、後者のタイプ。だからこそ人にメイクするとき「なぜこれを塗るのか」「なぜこの塗り方が必要なのか」「数あるコスメの中からなぜこれを選ぶのか」全てが腑に落ちないと納得できませんでした。

感性だけで「こうしたら可愛くなる！」とメイクできることももちろんすばらしいのですが、「では、なぜそれは可愛く見えるの？」と全てに対して疑問を感じていました。これって皆さんも言語化していないだけで、日常の中で感じていることがあると思うんですよね。

それをひもといて理解することができれば、どんな情報やメイクでも自分のものにでき、メイクがもっと楽しくなります。

だからこそ私はメイク現場で撮影の仕事をするかたわら、「一般の皆様にもわかりやすいメイクの情報をお届けして、美容を楽しんでもらいたい」と思い、動画配信やＳＮＳで発信をするようになりました。

さて、メイクをひもといて理解するとはどういうことか、皆さんにとって身近な料理に例えてみます。調味料はさまざまありますが、醤油はしょっぱく、砂糖は甘くて、酒を入れるとコクが出ますよね。それを知っていると、混ぜると肉じゃがの味になることが想像できるじゃないですか。しかし、醤油がしょっぱいことを知らず砂糖が甘いことも知らなかったら……、レシピを見ればなんとなく作れるけれど、加える量を間違ってしまったら……、持っている醤油が濃口醤油だったとしたら……、美味しい肉じゃがには一生ありつけません。

つまり、それぞれの調味料の役割や使い方のコツをしっかり理解していれば、いくらでも応用が効くわけです。

メイクも大まかな理論を理解していれば、SNSやメディアから溢れるほど発信され続けている情報や、一時的なコスメの流行に振り回されることもありません。自分という素材を活かしながら楽しくメイクができ、理想の仕上がりにすることができます。

では、その知っておくべき大まかな理論とはどのようなものなのか、私の中で大きな柱になっている3つの心得があります。

本書ではその3つの心得に沿って、わかりやすく楽しく解説していきます。

メイクアップアーティスト　兵藤小百合

# この本の使い方

## HOW TO USE THIS BOOK

メイク初心者にもわかりやすいように、ありがちな失敗例をコミックで展開。
解説ページでは全イラストでさゆりメイクのテクニックを紹介しています。
細かい部分もイラストで丁寧に解説しています！

### コミック

ファンデーションのありがちな失敗とは
ファンデーションで失敗しやすいことってどんなことですか？
そうですね……
塗る力が強すぎて塗りながらファンデーションを剥がしちゃっていたり
適量を勘違いしていてファンデーションがお肌に密着していない場合もありますね
私、ファンデーション塗った後もなぜかすっぴんぽくて……
それって力が強すぎたのかも。適量の正解も自信ないなぁ～
ファンデを塗るときは
え
お豆腐!?
ぷるりん
きぬ豆腐をつぶさない程度の柔らかいタッチで塗ると良いです！
わっ！私きぬ豆腐を吹っ飛ばしてしまう勢いで塗っていたかもです！
タッチを変えるだけで同じアイテムを使っても仕上がりが全然違うんですよ！
一緒にやってみましょう！
リップ選びで大事なことは
リップについてまとめたいんですが
種類はスティック ティント、グロス リキッド 質感はマット セミマット、ツヤ シアーなど いろいろありますよ
もうどれをつけたらいいのか、何がいいのか わかりませ～ん
一番人気のリップください！
リップはさゆりメイクのセオリーで大切にしている トータルバランスがポイントになります！
例えば
爽やかなシャツに合わせて
という感じになります
もちろんリップは色選びも大事ですけど
そんなこと考えたこともなかったです！
これもしっかり解説に入れましょう！

ついくせでしてしまう塗り方、
実は誤解して覚えているコスメの選び方はありませんか？
コミックでありがちな失敗例を紹介し、
解決テクも紹介します！
楽しく読んでくださいね！

# 解説ページ

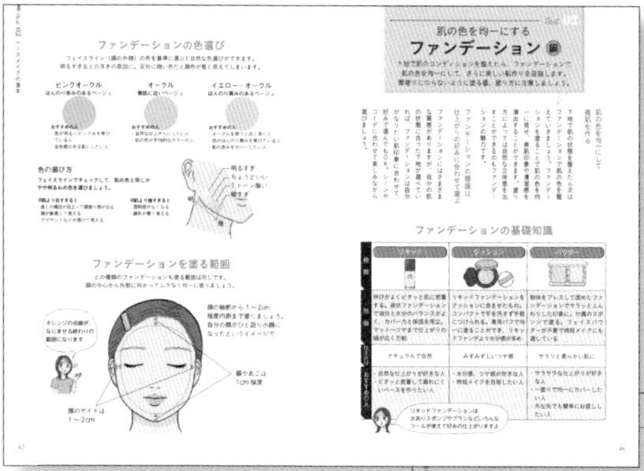
ファンデーションの色選び
ピンクオークル
オークル
イエロー・オークル
色の選び方
ファンデーションを塗る範囲
肌の色を均一にする
ファンデーション
ファンデーションの基礎知識
リキッド
クッション
パウダー

コスメの種類の特徴、
あなたへのおすすめが
わかるように表で紹介。
自分に合う種類がわかりますよ！

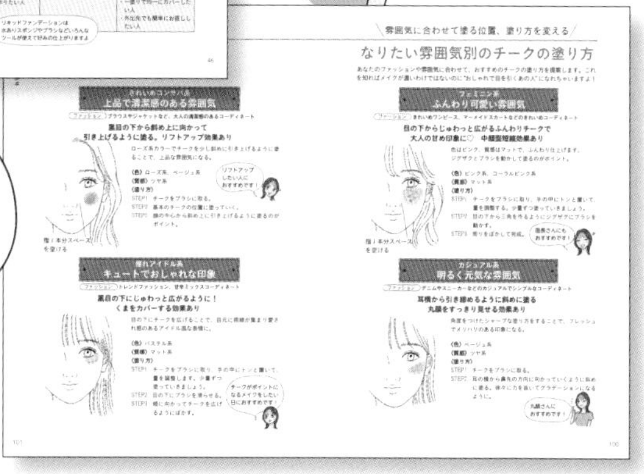
雰囲気に合わせて塗る位置、塗り方を変える
なりたい雰囲気別のチークの塗り方
上品で清潔感のある雰囲気
ふんわり可愛い雰囲気
キュートでおしゃれな印象
明るく元気な雰囲気

雰囲気別に合う
塗り方のコツ、
質感、色の選び方など
紹介していますよ

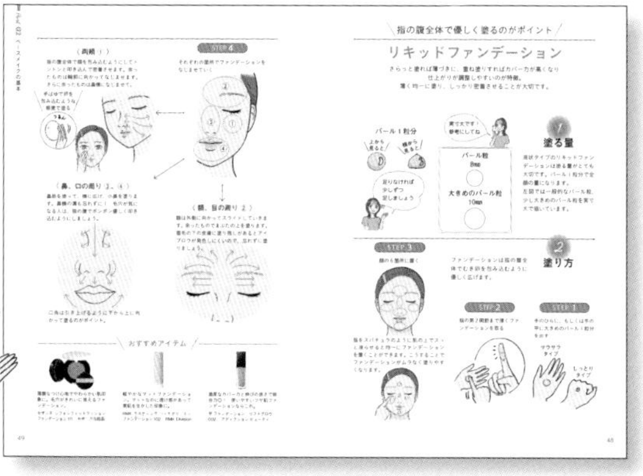
指の腹全体で優しく塗るのがポイント
リキッドファンデーション
塗る量
塗り方
おすすめアイテム

私がおすすめ
しているアイテムも
紹介しています

# contents

## Part 3 なりたい印象を叶える　骨格メイクの基本



### なりたい印象にチェンジ　アイブロウ編



### 顔に立体感を作る　ハイライト・シェーディング編



### バランスを整え、表情に変化を出す　チーク編

## 華やかさを与える　ビューラー・マスカラ編



## 洗練された印象を作る　リップ編

Part 01

## 自分に似合うメイクがわかる

# 誰でもきれいになれる！さゆりメイクの3つの心得

Part1では私がメイクするときに常に大切にしていることをお話しします。
メイクは細かいテクニックももちろん重要ですが、
「トータルバランスを大切にする」「自分の骨格を知って、なりたい印象に仕上げる」
「『元から肌がきれい』に見えるベースメイクをマスターする」
この３つが特に大切だと思っています。
この３つがいかに大切か、どのようにメイクの仕上がりに影響するのか
わかりやすく解説していきます。

Part 01

# さゆりメイクの3つの心得とは

こんにちは！メイクアップアーティストの兵藤小百合です
広告・映像・スチール撮影でメイクをしながら、メイクの楽しさをもっと知ってほしいと思い
YouTube
「兵藤小百合|さゆりメイク」
動画を配信しています！
あれは……メイクアップアーティストになってすぐの頃……
お疲れさまでーす
ねえねえ

COSME
SNSでこのクッションファンデがバズってるから買ったけど
ツヤ肌の仕上がりのはずなのになんかテカテカになって……
仕上がりがテッカテカ
わかる〜〜
私なんか〜
はやりの平行眉に韓ドル風アイメイク
ハイライトもSNSで盛れるとバズっていた鼻先に入れてみてるけど……
平行!
つやん
鼻先ハイライト
コレじゃない感…
なんか違うんだよね

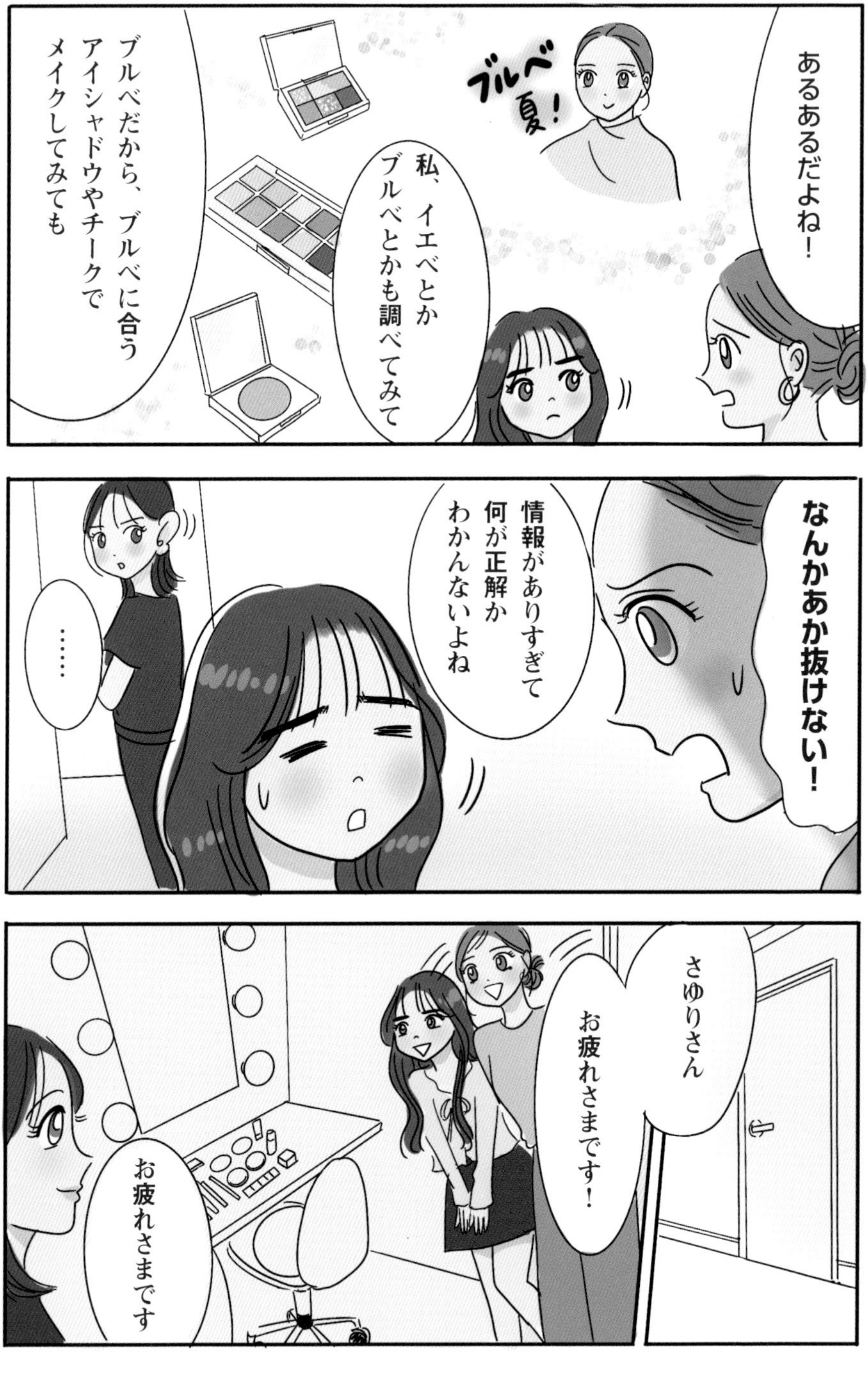
あるあるだよね！
ブルベ夏！
私、イエベとかブルベとかも調べてみて
ブルベだから、ブルベに合うアイシャドウやチークでメイクしてみても
なんかあか抜けない！
情報がありすぎて何が正解かわかんないよね
……
さゆりさん お疲れさまです！
お疲れさまです

あの〜
キャ、
さっき聞こえちゃったけどメイクの話……
恥ずかしい〜
聞いてもらった通り悩みだらけなんです
助けてください
カラー診断でメイクに使う色を決めたり、SNSでの情報を取り入れてメイクしたりするのは悪いことではないんだけど
あか抜けるのが目的なら違ったアプローチが必要かも……
聞いていて思ったんですけど
「顔」だけに合わせてメイクしてないですか?
顔だけ
メイクはトータルバランスを考えることが大切なんです!
トータルバランス?

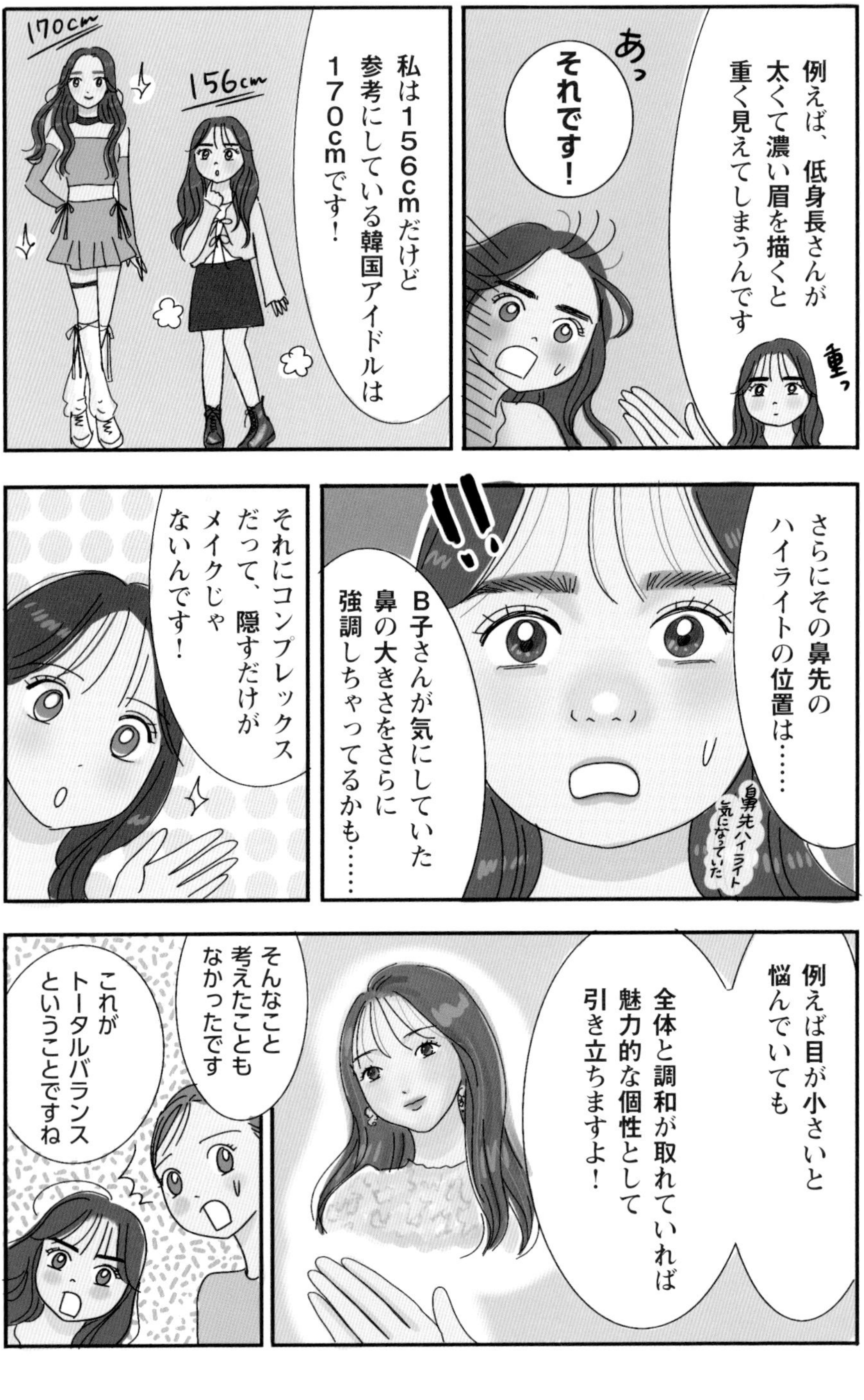

例えば、低身長さんが太くて濃い眉を描くと重く見えてしまうんです
重っ
あっ
それです！
私は156cmだけど参考にしている韓国アイドルは170cmです！
170cm
156cm
さらにその鼻先のハイライトの位置は……
鼻先ハイライト気になっていた
B子さんが気にしていた鼻の大きさをさらに強調しちゃってるかも……
それにコンプレックスだって、隠すだけがメイクじゃないんです！
例えば目が小さいと悩んでいても
全体と調和が取れていれば魅力的な個性として引き立ちますよ！
そんなこと考えたこともなかったです
これがトータルバランスということですね

そうなんです
もう1つ大事なのは
自分に合ったバランスのメイクを意識するだけで
誰でもあか抜けた印象になれちゃうんですよ！
でもそれってどうやればいいんですか？
ずばり自分の顔の骨格を理解すればいいんですよ
骨格……!!
顔の骨格って？
例えば、頬骨がしっかりしている人がハイライトを入れるとシャープさが強調されてかっこいい印象になるけど
可愛い印象になりたい人がやると逆効果に……
なんか違う…
だから、さっきの鼻先のハイライトも目立たせたくないところには塗らないのがベター人は光っているほうを見る習性がありますから
塗らない！
これが私が大事にしている“骨格メイク”なんです

なんかできるかな……私
基本の考えはすごく少なくてシンプルだからこの本で楽しく解説していきますね！
ちなみに今、私が使っているクッションファンデってさゆりさん的にどう思いますか？
コレ
SNSで使っている人の動画を見たらすごくきれいだったのに自分が使うと毛穴が目立つ気がするんですよね……
動画
現実
やっぱり元の肌がダメなのかな……
元の肌は関係ないと思います！
きれいなアイドルやモデルさんや女優さんにだってもちろん毛穴はあるんですから！
ツヤが強いファンデは凹凸感を強調しやすいから、それを使う場合は毛穴カバーの下地を併用すると良いかも
何か使っていますか？
さゆりさんが現場で使っているのと同じものを塗っているんだけど
どんな順番で塗っていますか？

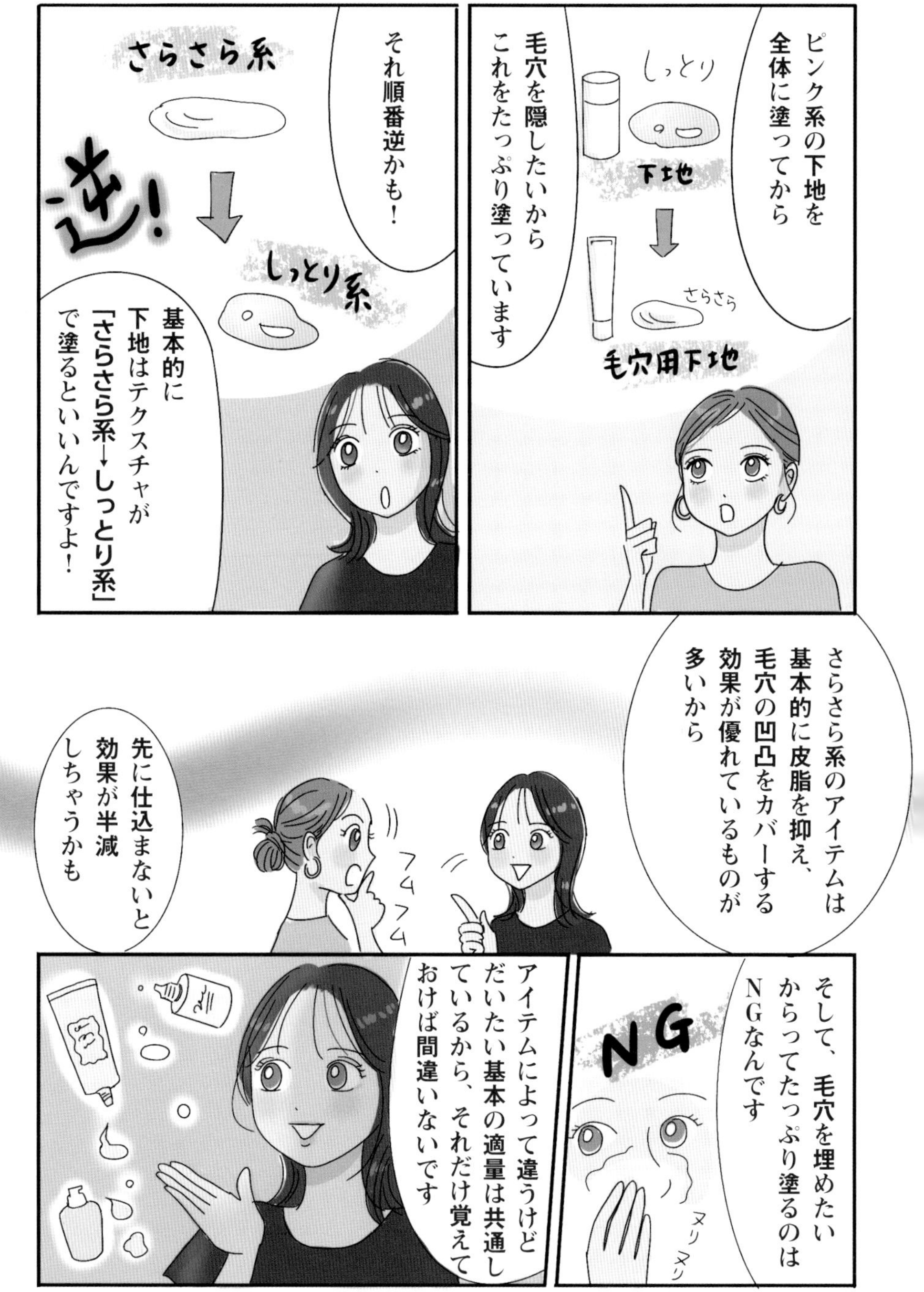
ピンク系の下地を全体に塗ってから
しっとり
下地
さらさら
毛穴用下地
毛穴を隠したいからこれをたっぷり塗っています
それ順番逆かも!
さらさら系
逆!
しっとり系
基本的に下地はテクスチャが「さらさら系→しっとり系」で塗るといいんですよ!
さらさら系のアイテムは基本的に皮脂を抑え、毛穴の凹凸をカバーする効果が優れているものが多いから
フムフム
先に仕込まないと効果が半減しちゃうかも
そして、毛穴を埋めたいからってたっぷり塗るのはNGなんです
NG
ヌリヌリ
アイテムによって違うけどだいたい基本の適量は共通しているから、それだけ覚えておけば間違いないです

えー～
それ知りたい！
お肌作り＝ベースはお顔の面積の70％を占めている大事なパーツ
70%
ケーキだと
ふちのホイップ
眉
いちご
アイシャドウ、リップ
ケーキ本体
ベース
そしてここの基礎ははやりに流されない一度覚えたら一生使い続けることができますよ！
どんなメイクのテイストが流行しても
〝肌を美しく見せる〟は永遠のテーマだから！
なので、私はベースメイクをとても大切にしているんです
なるほど
世の中にはいろんな情報が溢れているけど
ブルベ優勝コスメ
いいね♡
新次元メイク
〇〇タイプ診断
〇〇さんの推し!!
ネクスト

この3つをとりあえずマスターすれば
・トータルバランスを大切にする
・自分の骨格を知ってなりたい印象に仕上げる
・「元から肌がきれい」に見えるベースメイクをマスターする
特別なテクニックや高価なアイテムや手先の器用さがなくても
自分に合ったメイクはできますよ！
詳しく知りたいです！
器用じゃなくてもいいんだ♡
もう迷走しない！
では、P.34から図やイラストでわかりやすく解説しますね！

さゆりメイクの3つの心得

# 1

# トータルバランスを大切にする

メイクに関しては、動画やSNS、雑誌などでさまざまなメイク情報が溢れていますが「なんかメイクがうまくできない」「自分に似合うメイクがわからない」「動画で紹介されたコスメを使っても仕上がりが違う」などのお悩みを私の動画チャンネルでもよくお聞きします。

そんなお悩みがある人は「顔」だけに合わせてメイクしていませんか？　メイクは顔に施すものだから顔に合わせるのは当たり前でしょ？　と思われるかもしれませんが、メイクは顔だけに合わせるのではなく、**全身とのトータルバランスを考える**ことが大切なんです。

**顔はあくまでも全身の一部**。だからこそ、ファッションのテイストや自分の身長やヘアスタイルなど……全体像を前提にメイクが考えられるようになると、その人にしか醸し出せない魅力や雰囲気が出てきます。

例えば、背が高くがっしりした体型の人の顔を見上げてみたら、表情が穏やかだったとき、おそらく印象に残るのは「強そう」ではなく「包容力がありそう」ではないでしょうか？

人はその人の人柄や感情などの内面的な部分を主に顔から判断することが多いと言われていますが、最終的な印象は顔だけではなく、全身を含めたトータルの雰囲気で決まります。

もう少し皆さんの日常に落とし込むと、メイクやヘアがすごく可愛らしいテイストだけど、ファッションがスポーティーだった場合、おそらく違和感を覚えるはず。逆にメイクも優しめでファッションもナチュラル系と、トータルのバランスが揃っていれば、穏やかで話しかけやすい人だなと感じますよね。

だからこそ、いつも顔だけを見ている小さな手鏡を、大きな全身鏡に置き換えてメイクを考えてみてほしいんです。このとき、一番大切なのがコンプレックスを探すのではなく、自分の好きなパーツや個性的だと思えるポイントを挙げること。なぜなら、そのパーツを中心にメイクのバランスを考えると、あなたらしいメイクができるからです。

顔だけを見てメイクするのではなく、**全体像を把握してメイクする**ことが大切なのです。

さゆりメイクの3つの心得

2

# 自分の骨格を知って、なりたい印象に仕上げる

自分の顔のパーツや全身のバランスをチェックしたら、次に**自分の骨格を把握して、自分に合ったバランスを意識する**ことが大切です。これを意識するかしないかで、仕上がりが全く異なります。ありがちなのが、雑誌や本で見た基本の位置を忠実に守っているために起こる、アンバランスな仕上がりになってしまうこと。また、メイクで目を大きく見せたり、唇をボリューミーに見せたりするのも楽しいのですが、全体のバランスを考慮しないと、メイクが濃くケバケバしく見える原因にもなります。

本来の目的は、メイクを濃く見せたいのではなく〝目を大きく見せて可愛い印象になりたい〟なのに、相手に与える印象は全く違うものになってしまうことも。

かといって、バレないように目を大きく見せるにはプロの器用な技が必要になってくるのです。

では、どうしたら自然に自分のなりたい印象を叶えることができるのか？　そこで私がたどり着

いたのが骨格メイクです。**私が考える骨格メイクは〝視点を変える〟**ことから始まります。

例えば、目が大きくなくても、顔が引き締まって見えれば自然と目が大きくなったように見える。唇がぷっくりとしていなくても、頬など他のパーツでふっくらしたボリュームが出ればキュートに見える。キリッとしたアイメイクができなくても、眉毛の角度を少しつけるだけで顔立ち全体がくっきり見える。

小さなパーツメイクを頑張るよりも、自然かつ大胆に印象を変えることができるのです。

また、私が特にメイクの中で大切にしている**ハイライトは、目の錯覚を使う**ことができます。人は明るいほうや光っているほうを見る習性があるので、輪郭部分のたるみが気になるなら、顔の中心にハイライトを塗ることで視線を輪郭のラインから顔の中心に持っていくことができ、頑張ってシェーディングなどで顔周りに濃い影メイクをしなくても、なりたい印象に近づくことができるのです。

Ｐａｒｔ３で詳しく解説しますが、きちんとマスターすれば**ナチュラルに雰囲気を変える**ことができますよ。

さゆりメイクの3つの心得

# 3

# 「元から肌がきれい」に見える ベースメイクをマスターする

メイクアップアーティストとして〝肌作り〟とは永遠のテーマであり課題。

これって皆さんも同じだと思うんですよね。

とても印象深かった話があります。学生時代、憧れのメイクさんに会いにニューヨークやパリへ行き、いろんな話を聞いて回っていたときのこと。

世界で活躍する日本人のメイクアップアーティストの皆さんの話を聞くと、口を揃えて「日本人のメイクさんはとにかく肌作りが繊細で丁寧。それが理由で、海外の現場や女優さんから直々に指名をもらうことが多い」と言うんですね。海外で活躍するメイクさんって、ものすごいクリエイティブ性やアート性を求められ、そこを磨くことが必要だと思っていた私はとても衝撃を受けました。

ベースメイクというのはとても地味（笑）ですし、強いライトで撮影する現場であればハイカバーなファンデーションを厚塗りしても良いわけです。

しかし、手間をかけてもナチュラルで透明感のあるベースメイクを作ることができれば、モデルさんの自信にもつながりますし、手間ひまをかけて「ナチュラルな美しさ」を作る根性って日本特有の職人気質が現れているみたいで、カメラさんやスタッフさんから評価していただくことも多かった……。

今はSNSなどで海外などのさまざまなメイクのトレンドに触れることができますが、やはり「肌をきれいに見せたい」は万国共通ですよね。

だから私は自分のメイクアップアーティストとしての技術的な強みを「ベースメイク」にしようと決めたんです。目指すは**〝塗っていてきれい〟ではなく〝元から肌がきれいに見える肌作り〟**。

なぜなら、肌はその人のメンタルや生活など「内面を」表すパーツだから。

寝不足になるとどんよりくまができるし、生理周期に合わせてニキビができたり、食生活が乱れて肌がくすんだり……。自分のことを何も話していないのに、自身のことを肌が勝手に語ってしまうんです（余計なお世話。笑）。

だからこそ必要以上の厚塗りはせず、でも隠したいところはしっかりとカバーする。

そしてその状態をできるだけ長時間キープすることが大切。

それには少しの知識とテクニックが必要だけれど、アイメイクやリップメイクのように**トレンドの移り変わりが激しいパーツではないので、一度覚えてしまえば一生もの**です！

# 知っておきたい<br>3つの心得を実践する上で大切な3つのポイント

それぞれのメイクテクニックの解説をする前に、さゆりメイクの3つの心得を実践するために押さえておいてほしいポイントがあります。

「いつものメイクがなんだかあか抜けない」「せっかく買ったコスメが思うように仕上がらない」という人はこの3つのポイントを見直しましょう。

**3つのポイント**

Point❶ 塗る範囲を知る

Point❷ 塗り方をマスターする

Point❸ 仕上がりをイメージできるようになる

本書では、Part2以降で、ベースメイク、骨格メイク、パーツメイクなどのカテゴリーごとに詳しくメイクテクニックを解説しますが、どの工程でもこの3つのポイントを軸に紹介していきます。

なぜこの3つのポイントが大切なのか、一つひとつ解説していきますね。

Point 1

# 塗る範囲を知る

「チークの塗る位置が上すぎて、面長が目立っている気がする」

「目を大きく見せたいのに、アイラインで囲みすぎて、なんだか目が小さく見える……」

ということはよくあります。また、基本の塗る範囲を守りすぎて、自分の骨格に合っていないということはありませんか？

例えば、鼻筋にハイライトを入れて鼻を高く見せる手法がありますが、面長が気になったり、鼻の長さを気になったりしている人がそれをやってしまうと、逆に自分がよく思っていない印象を強調することになります。その場合、ハイライトを塗る範囲や鼻根と鼻先に分けて塗ることで「長さ」は強調せずに、鼻の「高さ」だけを出すことができます。

このようにどこに塗るとどう見えるのか、自分の骨格に合わせて塗る範囲や位置を知っておくと失敗を防ぐことができ、ずっと使えるあなただけのテクニックになります。

Point 2

# 塗り方をマスターする

どこに塗るべきかがわかったら、ブラシの持ち方や肌への当て方、指で塗るなら指の使い方などのコツを取り入れて、さらに美しい仕上がりにしましょう。

塗り方については「こうやると早く仕上がる」「私の目の形はこうだから、この方法で塗るほうがきれいに仕上がる」など、誰しも自己流の塗り方があるでしょう。私は自己流でやりやすい方法でメイクすることは決して悪いことではないと思っています。メイクするのはほぼ毎日のことですから、自分がやりやすく、気持ちも楽しくできるのが一番です。

ただ、そのちょっとした自己流の塗り方がメイクの仕上がりがきれいにならない原因になっていることがあります。例えば、アイブロウブラシは根元を持ってしまうくせがあると余計な力が入りやすく、濃くべったりとついてしまう原因に。ブラシは基本的に、持ち手の中心を持つのが正解。そのほうが力が入りにくく適量を肌の上にのせることができるので、きれいに仕上がります。

各ツールによってそれぞれ塗り方のコツがありますので、しっかり解説していきますね。

## Point 3
# 仕上がりをイメージできるようになる

メイクの楽しみは、色や質感を変えてさまざまな雰囲気になれることです。でも結局「いつも同じメイクになってしまう」、「新しいコスメを使ってみたけどうまくいかない」ということはありませんか？

そんな人は予定やシーンに合わせてどのような雰囲気になりたいか、を明確にしましょう。とはいえそんなに難しいことではなく、フェミニンな服を着るので可愛い雰囲気にしたい、オフィスなので落ち着いた印象にしたいなど、まずはその程度のイメージでＯＫ。仕上がりをイメージすることで、それに合わせた色や質感を選ぶことができ、なりたいイメージに近づけます。そうすることで、途中で「眉がなんか違う！」となっても、イメージに戻ればいいだけなので、軌道修正もしやすいです。イメージを持つことは難しく感じますが、まず毎日30秒でも考えるくせをつけるだけでもメイクの仕上がりが変わっていきますよ。

本書ではなりたい印象別に具体的な提案もしているので、ぜひそちらも参考にしていただきつつ、毎日のメイクで「今日はどんなメイクにしようかな？」と考えるくせをつけてみてください。

## COLUMN 1

さゆり＆ライター・ももたが送る美容コソコソ話

# メイクの仕上がりが変わる さゆり流　スキンケア

本編に載せきれなかった、メイクや美容のノウハウをお届けします！
まずはメイク前のスキンケアについてです！

ところで、さゆりさんってメイクの前のスキンケアってどうしていますか？
私っていつもギリギリまで寝ているので、スキンケアもメイクも
パパっとやっちゃうんですが……

メイク前のスキンケアは、
１日のメイク持ちをUPさせるためにとっても重要！
ちょっと気をつけるだけで仕上がりも変わってきますよ♡

まず、私が朝のスキンケアで
どんなに忙しいときも大切にしているのは洗顔です。
寝起きにギトギト感が気になるときはしっかり洗浄してくれるタイプ、
乾燥していそうなときは洗浄力が優しいものを選びます。

化粧水はどうしていますか？

化粧水から始まるスキンケアアイテムたちは、とろみが少なくみずみずしいものを選びます。そのほうがメイクアイテムとの相性が良い場合が多いです。朝は時間がないのでどんどんスキンケアを塗り重ねてしまうこともあるかと思いますが、一つひとつのアイテムが肌になじむまで手のひらいっぱいで優しくお肌にフィットさせていきます。

最後に肌表面がべったりした状態からしっとりするまで待ってからメイクに入ります。手で触ったときに手にべたっとうつってしまったら、あと数分待つか、軽くティッシュオフしてからメイクに入りましょう。

なるほど。だから私のメイクって崩れやすいんだ～
あと、よく徹夜するせいか、顔がくすんだりむくんだりしているんですが、
何かおすすめの対処法はありますか？

私は水をたくさん飲んで、首や肩周りのストレッチをしますよ。
耳たぶを気持ち良いと思う強さで引っ張ったりくるくると回したりするのも、
すっきりするのでおすすめです。

今日からやってみます♪

Part 02

下地、ファンデーション、
コンシーラー、フェイスパウダー

# 一生もののテクニック
# ベースメイクの基本

顔の70%を占める、滑らかな肌作りには欠かせない工程です。
ここでは下地、ファンデーション、コンシーラー、フェイスパウダーについて
種類などの基礎から、塗る量、塗る範囲、塗り方、
うまく塗れているかどうかのチェック方法まで紹介します。
塗り方は種類やツールなどによって変わるので、しっかり解説していきますね。

元から肌がきれいに見える

# ベースメイクとは……

ベースメイクは下地、ファンデーション、コンシーラー、フェイスパウダーの
4つの工程ですが、それぞれ重要な役割があります。
下地で肌を整え、ファンデーションでナチュラルに肌の色を均一に見せ、
コンシーラーで気になる肌悩みを部分的にカバーし、最後にこれらを
しっかり肌に密着させ、肌のキメツヤを整えるようにフェイスパウダーを重ねる……。
このハーモニーがさゆりメイクのベースメイクで、
元々の素肌が美しく見える肌作りができます。
トレンドの移り変わりがないパーツなので、しっかりマスターすれば
一生もののテクニックになります。

# 〈ベースメイク〉

## 肌のコンディションを整える 下地

下地の役割は肌のコンディションを整えて、ファンデーションを密着させ、メイク崩れを防止すること。メイクの一番はじめに塗るので、肌に与える影響が大きく、トーンアップ機能などの見ためだけの効果で選ぶより、自分の肌の状態に合ったものを選ぶのがポイントです。

## 肌の色を均一にする ファンデーション

ファンデーションを塗れば、肌悩みは何でも隠せると思い込んでいる人が多いですが、ファンデーションは肌の色を均一に見せるために塗るものです。また塗り方次第で自然な立体感を与えてくれます。厚ぼったくならないように、薄く丁寧に肌に密着させるようにしましょう。

## 肌悩みをカバーする コンシーラー

それぞれの肌悩みによって、適したテクスチャー、色、塗り方があるので、それらを知っておくとより美しい仕上がりになります。カバーしたいからと厚塗りにならないようにしましょう。

## ベースメイクを密着させる フェイスパウダー

ベースメイクの仕上げとなるフェイスパウダー。ベースメイクを密着させ、余計な皮脂を抑えます。フェイスパウダーは一度つけすぎると調整しにくいので、基本の塗る量や位置を知っておきましょう！ブラシやパフの使い分け方も紹介していくので、自分に合った方法を見つけてください。

Part 02

# 下地のあるある勘違いとは

さゆりさ～ん
さっき、基本的に下地は
テクスチャが
「さらさら系→しっとり系」
で塗るといいと教えて
もらったけど
もっと
下地のことを
知りたいです！
下地をきちんと塗ることは
メイクをきれいに仕上げる
第一歩なんですけど
けっこう
勘違いしている人が
多くて……
トーンUP
流行の
トーンアップの
下地を塗れば肌は
トーンアップする
んですよね？
確かにそういった機能の
下地はあるけど
下地はファンデを密着させ
崩れを防止するのが
大きな役割
単に肌が
トーンアップすれば
良いってものでも
ないんです
へえ～
そうなんですか？

脂性肌の人がツヤツヤなトーンアップ下地を塗ると
お肌がすごくオイリーに見えてしまったり毛穴落ちが気になってしまったりすることも
ツヤ下地
オイリーです
ギトギト
下地選びで一番優先することは〝自分の肌質に合ったもの〟を選ぶこと!
だから今まで崩れやすかったのか
テカテカ
ドロドロ
毛穴落ち
他にも下地はファンデーションほど色がつかないから、パパっと塗っちゃってムラができていることも多いんですよ!
UV
日焼け止め
毛穴カバー
皮脂テカリ防止系
保湿系
カラーコントロール
次ページから基礎知識〜すぐ実践できる塗り方のコツまで紹介しますね!

Part 02

# 肌のコンディションを整える
# 下地 編

下地はベースのメイクの中で一番はじめに塗るからこそ、
肌に与える影響が大きいです。肌のコンディションを整え、
全ての工程の土台となるのが下地なのです。

## 下地を塗る目的は肌のコンディションを整えること

下地は肌の表面の凹凸やくすみをカバーし、肌を滑らかにしてコンディションを整えてくれます。またファンデーションを密着させ、化粧崩れを防止してくれる役割も。まさに肌の土台作りには欠かせないのが下地なのです。

## 自分の肌質に合ったものを選ぶのがポイント

下地はもう一つの肌のようものです。そのため肌の状態に合っていないと、高機能な下地を選んだとしても、機能が活かされずに肌から浮いてしまったり、崩れやすくなってしまったりします。まずは自分の肌質に合ったものを選ぶことが大切です。

## 下地の色の種類

肌をトーンアップするホワイトから赤みを抑えてくれるグリーンまで
種類が豊富。肌悩みやなりたい印象に合わせて選びましょう。

### ベージュ

シミやくまをカバーしたいときにおすすめ。肌なじみがよく、カバー力がある。

### ホワイト

肌をトーンアップし、自然な透明感を与えてくれる。

### クリア

肌の質感をナチュラルに整えてくれる。メイク初心者はまずはクリアを使ってみて。

### グリーン

赤ら顔や、広範囲の赤みに悩んでいる人に。グリーンで顔色が沈む場合はイエローがおすすめ。

### パープル

肌に透明感を与え、黄ぐすみを飛ばして明るく見せる。

### ピンク

肌に血色感を与えてくれる。肌のくすみが気になる、青白くなりやすい人におすすめ。

### イエロー

茶ぐすみが気になる方におすすめ。グリーンよりナチュラルに赤みを補整する効果も。

# 下地の基礎知識

| 種類 | 日焼け止め | 毛穴カバー下地（ポアプライマー） | テカリ防止系下地 | 保湿系下地（クリア・色付き） | カラーコントロール下地 |
|---|---|---|---|---|---|
| | 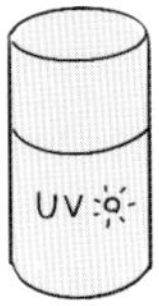 | 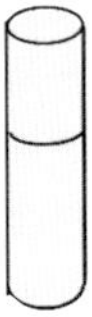 | 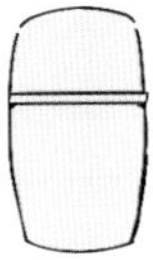 | 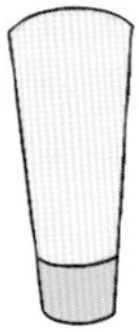 |  |
| 付ける順番 | 1 | 2 | 3 | 4 | 5 |
| 範囲 | 全顔 | 部分 | 全顔 | 全顔 | 全顔 |
| 特徴 | 紫外線をカットし、外気の刺激から守る | 毛穴の凹凸を均一にして整える | 皮脂を抑えてサラリとした肌に | 肌をしっとり、きめ細かく整える | 色の効果で肌のくすみを明るく見せる |
| 質感 | | サラサラ | サラサラ | しっとり | しっとり |
| おすすめの人 | ・しっかりUV対策をしたい人は、下地の前に日焼け止めを塗っておくのがおすすめ | ・毛穴の凹凸が気になる人<br>・部分的にテカリ、毛穴が気になる人 | ・オイリー肌で皮脂崩れする人<br>・全顔テカリが気になる人 | ・混合肌〜乾燥肌の人<br>・カサカサと粉吹きしてしまう人 | ・肌のくすみが気になる人<br>・ついファンデーションやコンシーラーが厚塗りになってしまう人 |

日焼け止めと下地の機能が１つになっている“日焼け止め下地”の場合は１本でも大丈夫

たくさん種類があるけど、全てを使う必要はなし！自分に合う下地を使いましょう！

## 顔の内側から外側に向かって優しく手を滑らせる

# 全顔に塗る下地

メイクのはじめに、自分の肌状態に合った下地を薄く全顔に塗って土台を整えます。
下地の質感によって塗る量の目安が変わるので、下記を参考にしてください。

**全顔に塗るもの**

テカリ防止系下地

保湿系下地

カラーコントロール下地

## 1 塗る量

下地の質感によって、量の目安は変わります。サラサラ系は500円玉、クリーム系はパール粒１つ分を目安に。多すぎるとヨレの原因になります。

**クリーム系**

生クリームのように粘着性がある

**大きめのパール１粒分**

実寸大だから
合わせながら
確認してみて
ください！

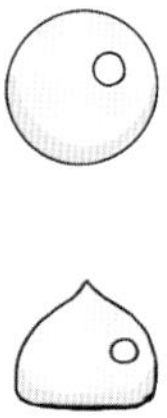

**サラサラ系**

お水のようにシャバっとしている

**500円玉１枚分**

\上から見ると/

500

\横から見ると/

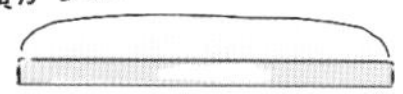

あくまで目安量なので
足りないと感じたら、
少しずつ足してみて

## 2 塗る範囲

顔の輪郭より少し内側まで塗っていきます。カラーコントロール下地は顔の中心を意識して塗ると、より自然にトーンアップ効果を実感できます。顔だけ明るく浮いた印象になりにくいです。

顔の外側まで塗ると
白く浮いてしまう場合は
オレンジの点線までで OK

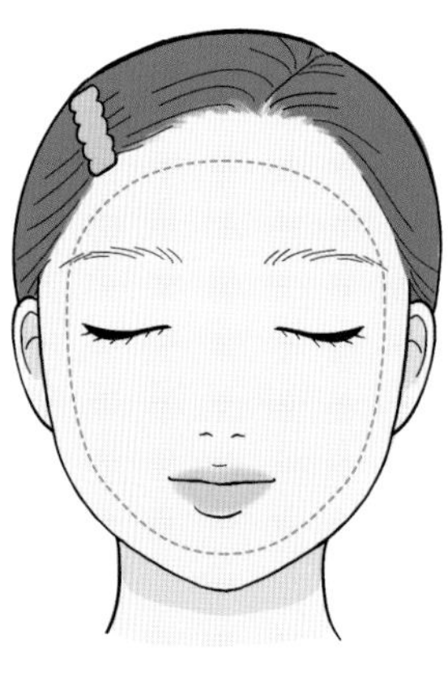

## 3 塗り方

顔の内側から外側に向かって優しく手で滑らせながら塗り広げていきます。力が入っていると逆にムラになりやすく、下地が適量つきません。柔らかいタッチで優しく伸ばすようにしましょう！

### STEP 1

手のひらに下地を適量出す

サラサラタイプは手のひらに、しっとりタイプは手の甲に出すとやりやすいです。

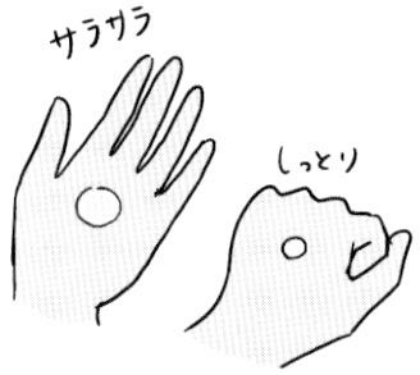


### STEP 2

下地を指の第２関節まで薄く取る

### STEP 3

顔の５箇所に下地を置く

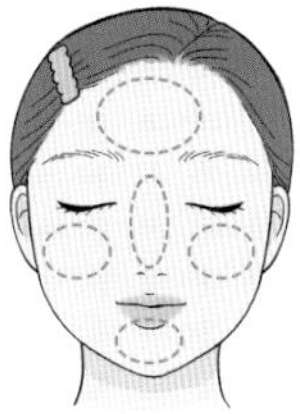

指をスパチュラのような意識で使うとムラなく塗れます！

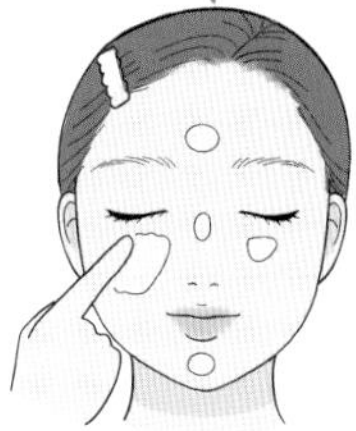

### STEP 4

中心から外側へ広げる

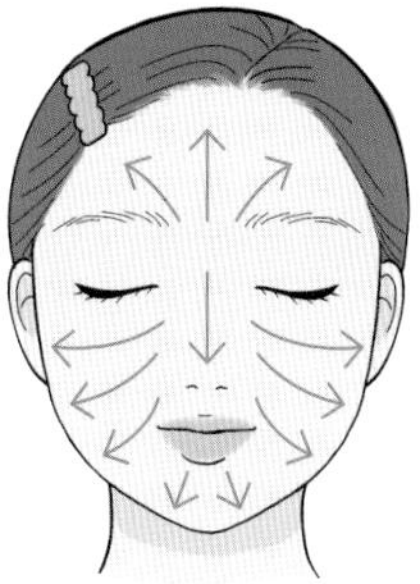

鼻横、目のキワ、
口の周りなど
細かい部分の塗り残しが
ないように

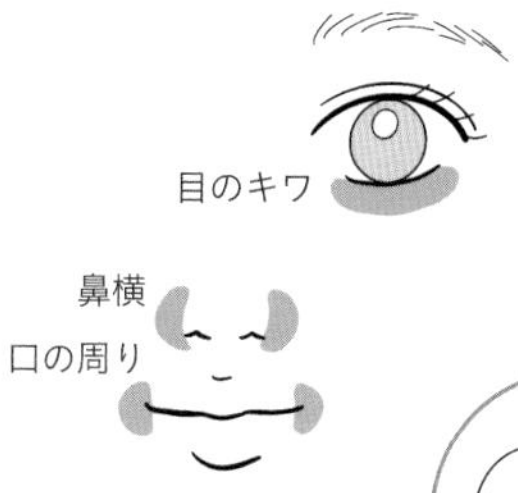

顔は球体なのでゆで卵を包み込むような手つきをイメージして塗りましょう。

### おすすめアイテム

どんな肌質の方にもおすすめできる、血色感を与えてくれるピンクカラーの下地。肌に優しく石けん落ちなのも嬉しい。

セザンヌ UVトーンアップベース ピンク／セザンヌ化粧品

ベージュカラーで大人の肌悩みや色ムラを均一に整えてくれる。気分も肌コンディションも上がる名品！

クレ・ド・ポー ボーテ　ヴォワールコレクチュールn／クレ・ド・ポー ボーテ

みずみずしいツヤ肌の土台を作ることができる。なじませやすくメイク初心者にもおすすめ。

RMK ルミナス メイクアップベース／RMK Division

## 少量ずつ指の腹全体を使った優しいタッチで塗る

# 部分的に塗る下地

### 部分的に塗るもの

毛穴カバー下地
（ポアプライマー）

毛穴が気になる箇所や、皮脂を抑えたい額や小鼻などは専用の下地を部分的に塗りましょう。全顔用の下地と合わせて使う場合は毛穴カバー下地を先に塗ります。
日焼け止め→毛穴カバー下地→全顔下地と覚えておいてください。もちろん毛穴カバー下地→ファンデーションの順番でも大丈夫です。

## 1 塗る量

**チューブタイプ**

米粒１粒分

**ジャータイプ**

くるんと２周り分

鼻全体
両頬
おでこの
各１箇所分

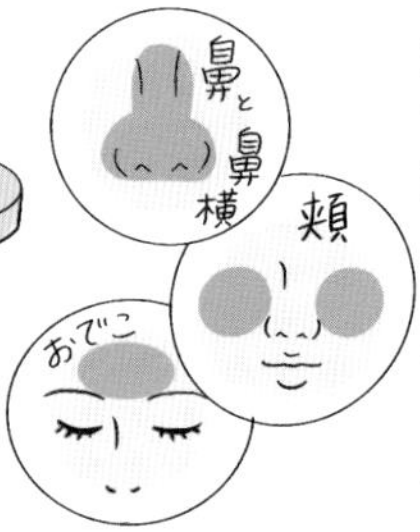


形状によって取り方が違いますが、左図が額、鼻全体、両頬などそれぞれの１箇所分になります。また、左図に挙げた箇所は毛穴カバー下地を使う代表的なパーツです。他にも塗りたい部分があれば使ってください。

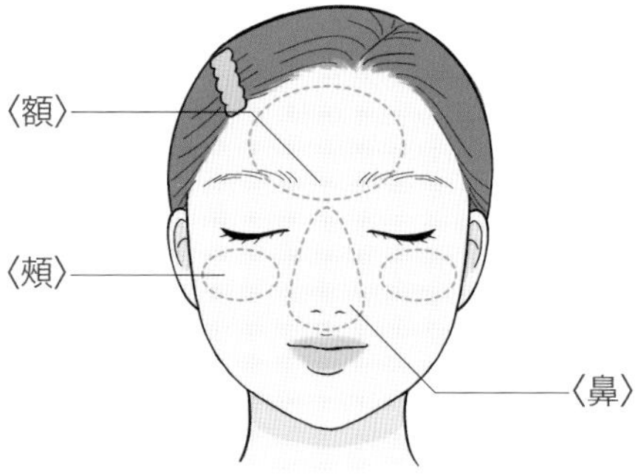


## 2 塗る範囲

顔全体の中で特に毛穴落ちやテカリが気になる部分に塗ります。

### おすすめアイテム

部分的なくすみカバーに使いやすい。透明感のあるブルーが特徴。

プリズム・リーブル・スキンケアリング・コレクター ブルー／パルファム ジバンシイ

凹凸感のある毛穴や過剰な皮脂に悩んでいる人におすすめ。私もメイク現場に必ず持っていく一品。

ステップ１プライマー ポアミニマイザー／MAKE UP FOR EVER

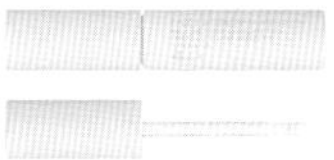

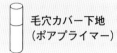

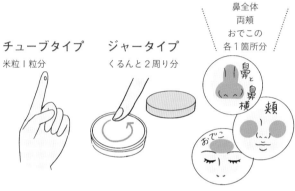

先端がハケのタイプになっているので小鼻横など細部に塗りやすい。

エテュセ フェイスエディション（プライマー）フォーオイリースキン／エテュセ

## 3 塗り方

少量ずつ指の腹全体を使った優しいタッチで塗るときれいに仕上がります。指をくるくる動かして毛穴の凹凸を埋めるように塗るのがポイント。

### STEP 1

指先に下地を適量取る

### STEP 2

塗りたい箇所に少量ずつ置く

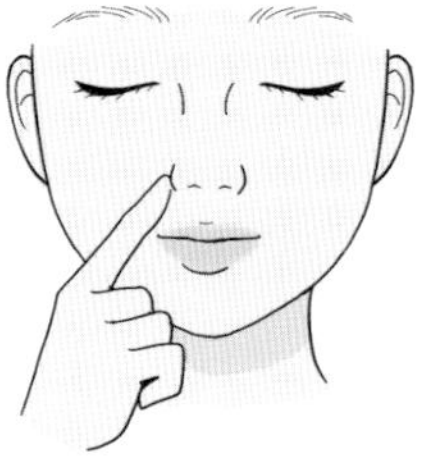

### STEP 3

肌の上を優しく滑らすように塗る。ムラなく均一になじませるのがポイント

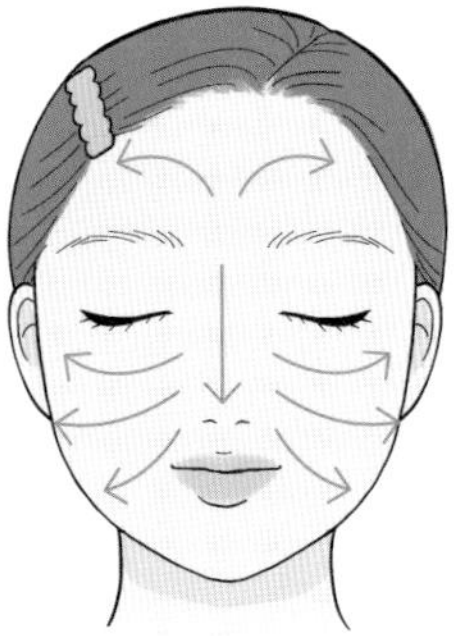

### 上手に塗るポイント

指の全面を使うのがポイント

指先のみ使うのはNG

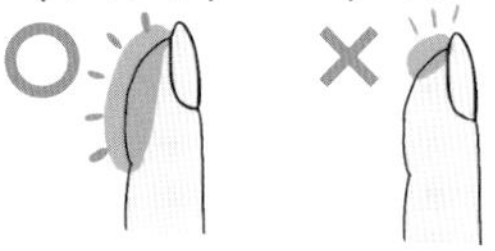


指の腹を肌へフォーカスさせるように塗るのがポイントです！

### STEP 4

毛穴の凹凸が深くなじみにくい部分にはくるくる円を描くように塗る

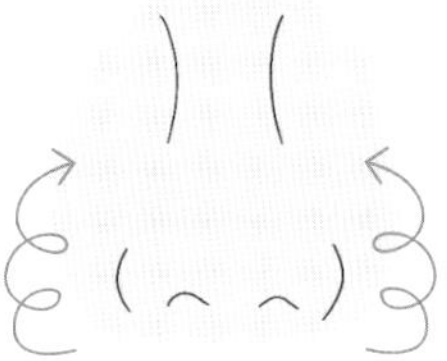

## 下地がきちんと塗れたか、最終チェック

下地はベースメイクの土台になるため、ムラや塗り残しがないかしっかり確認しましょう。

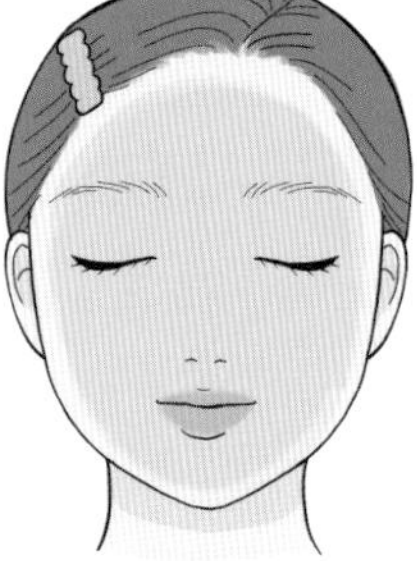

**□ 白浮きしていないか**

鏡に近づきすぎると白浮きが確認しにくいので、少し鏡を離して首との色の差などをチェックする。

**□ ムラなく塗れているか**

横顔を確認して下地が溜まったり、ムラになったりしていないかチェックしてみて。ムラは手かスポンジでなじませましょう。

**□ 細部まで塗れているか**

目のキワ、小鼻や口の周りなど細かい部分もムラなく塗れているか、確認してみて。

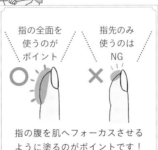

Part 02

# ファンデーションのありがちな失敗とは

ファンデーションで失敗しやすいことってどんなことですか？
そうですね……
塗る力が強すぎて塗りながらファンデーションを剥がしちゃっていたり
多すぎたり…
パンパンパン
適量を勘違いしていてファンデーションがお肌に密着していない場合もありますね
私、ファンデーション塗った後もなぜかすっぴんぽくて……
ちゃんと塗ったのに…
すっぴん？
それって力が強すぎたのかも。適量の正解も自信ないなぁ〜

ファンデを塗るときは
サッ
ぷるりん
え
お豆腐!?
きぬ豆腐をつぶさない程度の柔らかいタッチで塗ると良いです！
ポン　ポン
優しくね
ポンポン
お肌をきぬ豆腐だと思って崩れないように塗る
わっ！　私きぬ豆腐を吹っ飛ばしてしまう勢いで塗っていたかもです！
ビシャッ
グシャッ
タッチを変えるだけで同じアイテムを使っても仕上がりが全然違うんですよ！
一緒にやってみましょう！
ハイッ!!

Part 02

# 肌の色を均一にする
# ファンデーション 編

下地で肌のコンディションを整えたら、ファンデーションで肌の色を均一にして、さらに美しい肌作りを目指します。厚塗りにならないように塗る量、塗り方に注意しましょう。

## 肌の色を均一にして美肌を作る

下地で肌の状態を整えたら次はファンデーションで肌の色を整えていきましょう。ファンデーションを塗ることで肌の色を均一に見せ、美肌印象や清潔感を演出することができます。塗り方によっては自然な立体感を出すことができるのもファンデーションの魅力です。

## ファンデーションの種類は仕上がりの好みに合わせて選ぶ

ファンデーションにはさまざまな質感がありますが、自分の肌の状態に合った下地が選べていれば、ファンデーションは自分がなりたい肌印象に合わせて、好みで選んでもＯＫ。シーンやコーデに合わせて楽しみながら選びましょう。

## ファンデーションの基礎知識

| 種類 | リキッド  | クッション 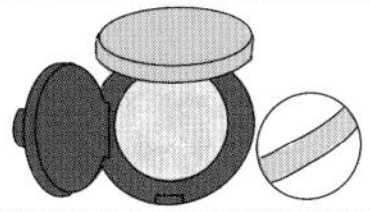 | パウダー 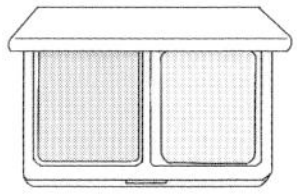 |
|---|---|---|---|
| 特徴 | 伸びがよくピタッと肌に密着する。液状ファンデーションで油分と水分のバランスがよく、カバー力と保湿を両立。マット〜ツヤまで仕上がりの幅が広く万能 | リキッドファンデーションをクッションに含ませたもの。コンパクトで手を汚さず手軽につけられる。専用パフで均一に塗ることができ、リキッドファンデより水分感が多め | 粉体をプレスして固めたファンデーションでサラッとふんわりした印象に。付属のスポンジで塗る。フェイスパウダーが不要で時短メイクにも適している |
| 仕上がり | ナチュラルで自然 | みずみずしいツヤ感 | サラリと柔らかい肌に |
| おすすめの人 | ・自然な仕上がりが好きな人<br>・ピタッと密着して崩れにくいベースを作りたい人 | ・水分感、ツヤ感が好きな人<br>・時短メイクを目指したい人 | ・サラサラな仕上がりが好きな人<br>・一塗りで均一にカバーしたい人<br>・外出先でも簡単にお直ししたい人 |

リキッドファンデーションは
水ありスポンジやブラシなどいろんなツールが使えて好みの仕上がりになりますよ

# ファンデーションの色選び

フェイスライン（顔の外側）の色を基準に選ぶと自然な色選びができます。
明るすぎると白浮きの原因に。反対に暗い色だと顔色が悪く見えてしまいます。

### ピンクオークル
**ほんのり赤みのあるベージュ**

**おすすめの人**
・肌が明るくピンクみを帯びている人
・血色感のある肌にしたい人

### オークル
**素肌に近いベージュ**

**おすすめの人**
・自然な仕上がりにしたい人
・肌の色が平均的なカラーの人

### イエロー・オークル
**ほんのり黄みのあるベージュ**

**おすすめの人**
・オークルを使うと白く浮く人
・肌がほんのり黄みを帯びている人
・肌の赤みをカバーしたい人

### 色の選び方

**フェイスラインでチェックして、肌の色と同じかやや明るめの色を選びましょう。**

**●肌より白すぎると**
・首との境目が目立って厚塗り感が出る
・顔が膨張して見える
・クマやシミなどが透けて見える

**●肌より暗すぎると**
・透明感がなくなる
・顔色が悪く見える

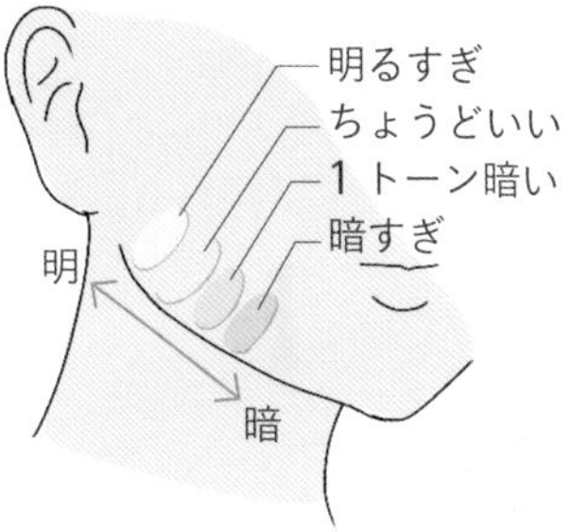
明るすぎ
ちょうどいい
1トーン暗い
暗すぎ
明
暗

# ファンデーションを塗る範囲

どの種類のファンデーションも塗る範囲は同じです。
顔の中心から外側に向かってムラなく均一に塗りましょう。

オレンジの点線が、
なじませる終わりの
範囲になります

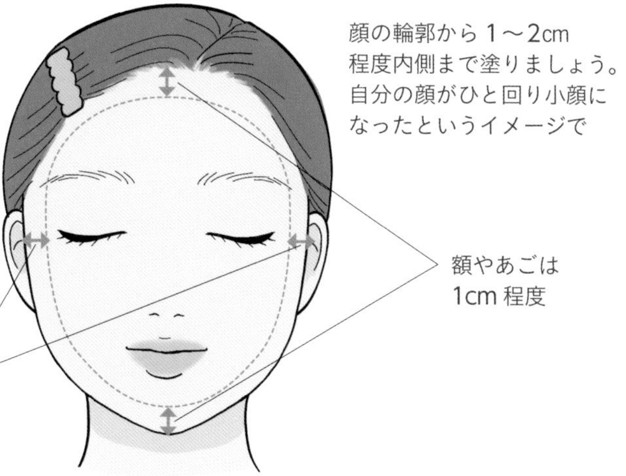
顔の輪郭から1〜2cm
程度内側まで塗りましょう。
自分の顔がひと回り小顔に
なったというイメージで
額やあごは
1cm程度
顔のサイドは
1〜2cm

指の腹全体で優しく塗るのがポイント

# リキッドファンデーション

さらっと塗れば薄づきに、重ね塗りすればカバー力が高くなり
仕上がりが調整しやすいのが特徴。
薄く均一に塗り、しっかり密着させることが大切です。

## 1 塗る量

液状タイプのリキッドファンデーションは塗る量がとても大切です。パール１粒分で全顔の量になります。
左図では一般的なパール粒、少し大きめのパール粒を実寸大で描いています。

パール１粒分

上から見ると
横から見ると

足りなければ少しずつ足しましょう

実寸大です！参考にしてね


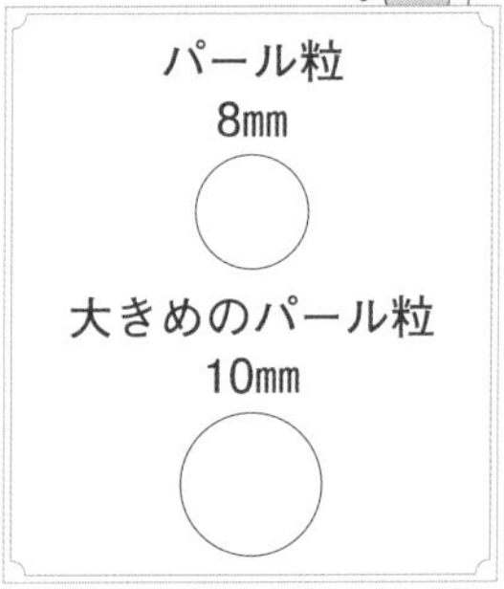

パール粒
8mm
大きめのパール粒
10mm


## 2 塗り方

ファンデーションは指の腹全体でむき卵を包み込むように優しく広げます。

**STEP 1**

手のひらに、もしくは手の甲に大きめのパール１粒分を出す

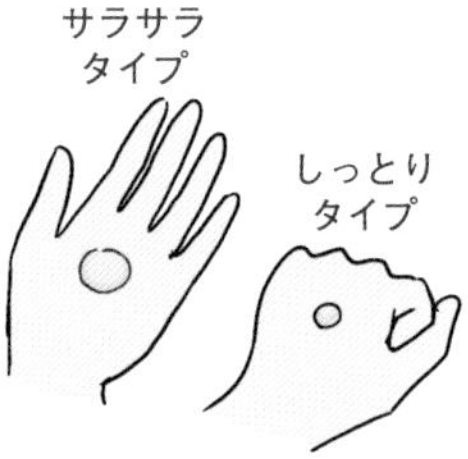

サラサラタイプ
しっとりタイプ


**STEP 2**

指の第２関節まで薄くファンデーションを取る

**STEP 3**

顔の６箇所に置く

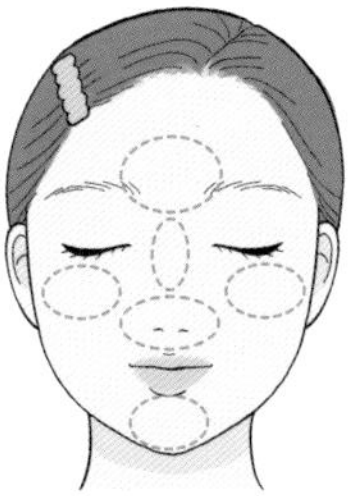

指をスパチュラのように肌の上でスッと滑らせると均一にファンデーションを置くことができます。こうすることでファンデーションがムラなく塗りやすくなります。

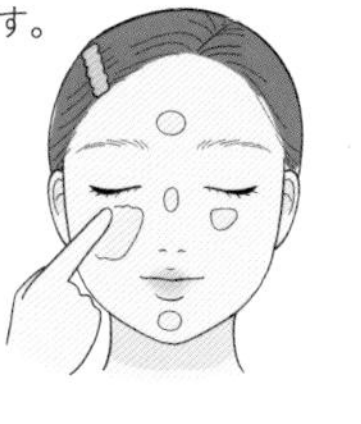

## STEP 4

それぞれの箇所でファンデーションをなじませていく

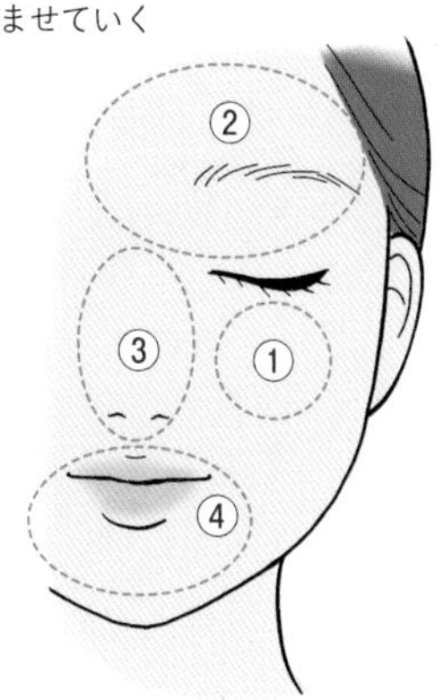


### 〈 両頬 ① 〉

指の腹全体で顔を包み込むようにしてトントンと叩き込んで密着させます。余ったものは輪郭に向かってなじませます。さらに余ったものは鼻横になじませて。

手はゆで卵を包み込むような感覚で塗る

### 〈 鼻、口の周り ③、④ 〉

鼻筋を塗って、横に広げ、小鼻を塗ります。鼻横の溝も忘れずに！　毛穴が気になる人は、指の腹でポンポン優しく叩き込むようにしましょう。

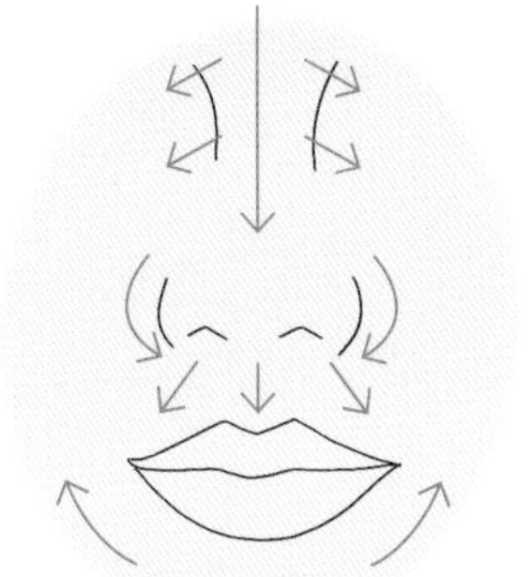

口角は引き上げるように下から上に向かって塗るのがポイント。

### 〈 額、目の周り ② 〉

額は外側に向かってスライドしていきます。余ったものでまぶたの上を塗ります。眉毛の下の皮膚に塗り残しがあるとアイブロウが発色しにくいので、忘れずに塗りましょう。

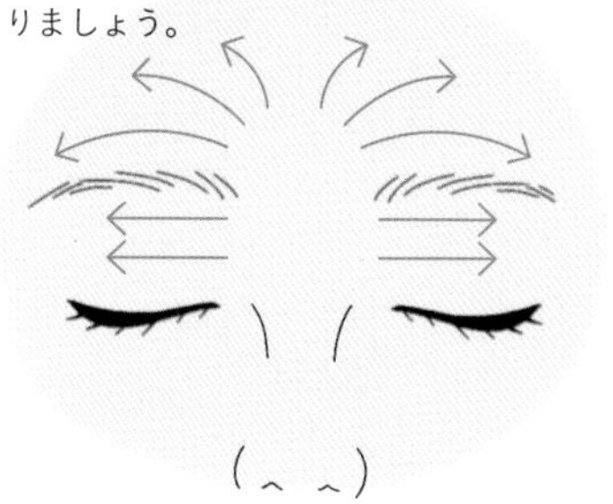

### おすすめアイテム

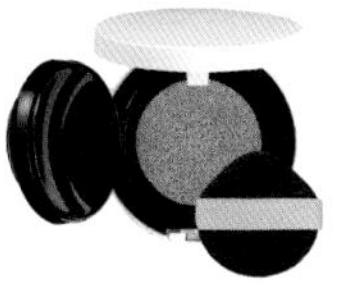

薄膜なつけ心地でやわらかい肌印象に。毛穴がきれいに見えるファンデーション。

セザンヌ シフォンフィットクッションファンデーション 10／セザンヌ化粧品

軽やかなマットファンデーション。マットなのに透け感があって素肌を生かした印象に。

RMK ラスティング ジェルクリーミィファンデーション 102／RMK Division

適度なカバー力と伸びの良さで総合力◎！　使いやすいツヤ肌ファンデーションならこれ。

ザ ファンデーション　リフトグロウ 002／アディクション ビューティ

＼ パフでトントンとなじませて塗り広げる ／

# クッションファンデーション

リキッドファンデーションのようなみずみずしさとパウダーの手軽さを
併せ持つクッションファンデーション。
慣れると時間がない朝でも手早く美しい肌を作ることができます。

＼ パフ半分に色を取る ／

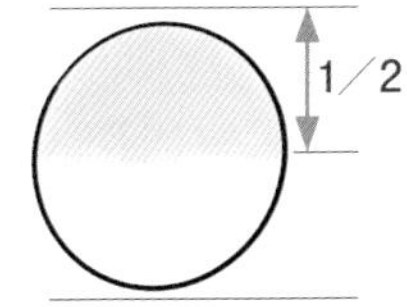
1／2

＼ パフ全体が微妙に透けるくらいを目安に ／

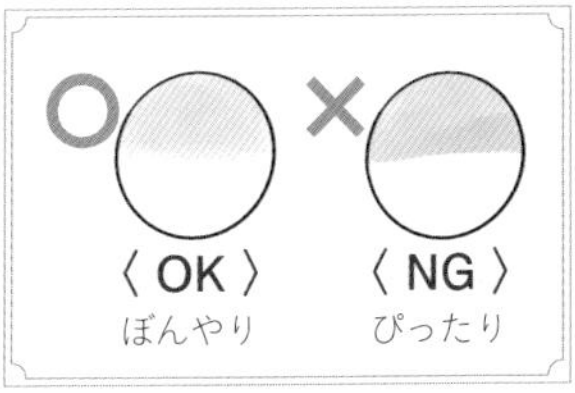
○
〈 OK 〉
ぼんやり
×
〈 NG 〉
ぴったり

まんべんなく取るための
２回タッチです！
トン
トン

## 1 塗る量

一度にパフに取る量は、パフの半分の範囲に“ぼんやり”付くくらいを意識して。べったりとついてしまうのは取りすぎです。ふわふわとソフトなタッチでトントンと２回取りましょう。

### 全体の量について

1回パフに取った量で全顔を塗るのではなく、次の３つのパーツごとに1回ずつ取るのがポイント！

**①両頬**
**②額、目の周り**
**③鼻、口の周り**

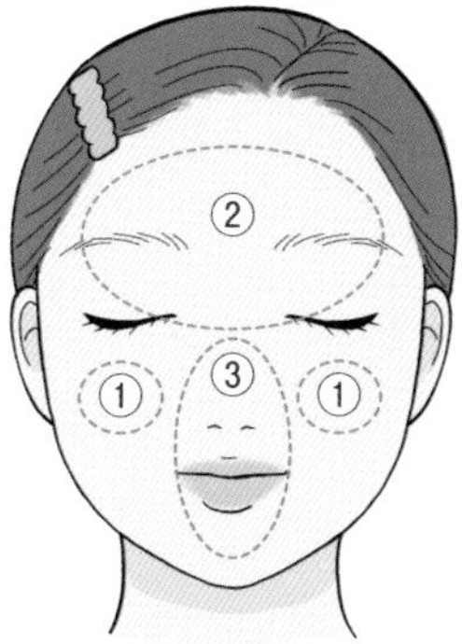
②
③
①
①

合計３回取るっていう
ことですよ！

## 2 塗り方

肌にのせる前に、手の甲に一度トンと置きましょう。パフは滑らせずにトントンとタップするように優しく塗り広げます。

**STEP 1**

適量を取る

トン
トン

**STEP 2**

手の甲に1回トンと置き、オフする

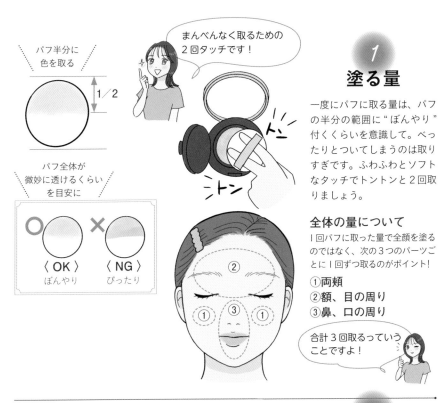

## STEP 3

**それぞれの箇所で**
**ファンデーションをなじませていく**

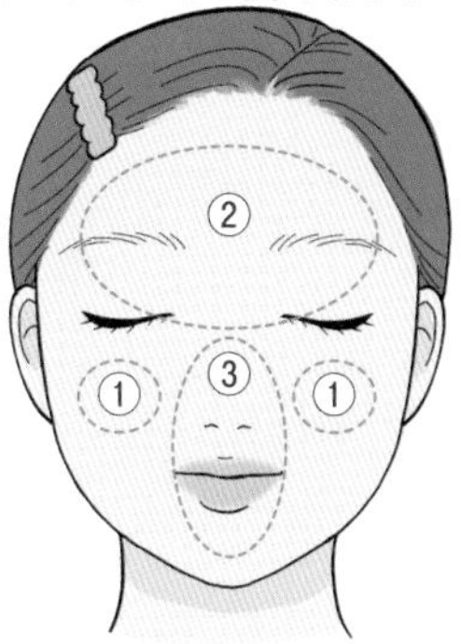
②
③
①
①

両頬に置いたらなじませる、額に置いたらなじませるというように、それぞれの部位ごとに塗り広げていきましょう。

### 〈 両頬 ① 〉

両頬に１回量のファンデを置きます。顔の外側へ向かってなじませ、余ったもので目の下と鼻の横へなじませます。

### 〈 額、目の周り ② 〉

額中央に置いて外側に向かってトントンとなじませていきます。余ったもので上まぶたも塗りましょう。

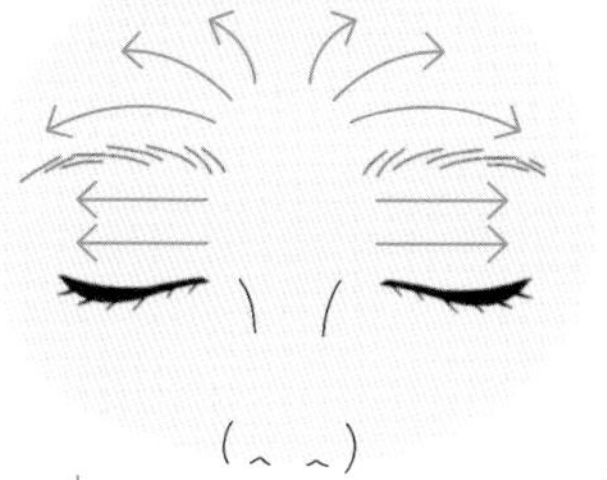

### 〈 鼻、口の周り③ 〉

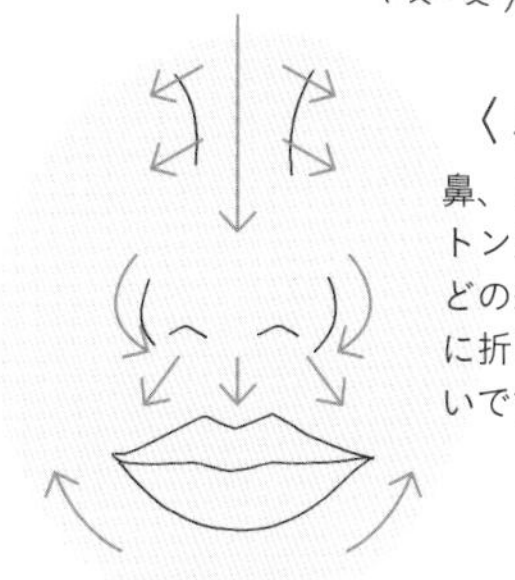

鼻、口上、あごに置いてトントン塗っていきます。鼻横などの細かい部分はパフを半分に折り曲げて塗るとやりやすいです。

### パフの力加減

〈 OK 〉
プルプル
ふわふわ
〈 NG 〉
バチバチ

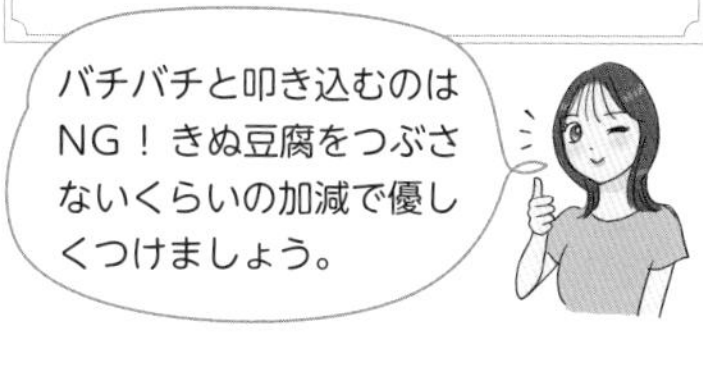
バチバチと叩き込むのはNG！きぬ豆腐をつぶさないくらいの加減で優しくつけましょう。

### おすすめアイテム

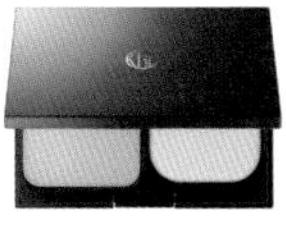

透明感とツヤ感が演出できるパウダーファンデーション。清潔感のあるサラサラ肌に。

グロス フィルム ファンデーション レフィル（パウダータイプ／SPF30 PA+++）013／Koh Gen Do

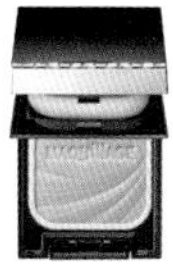

ひと塗りでしっかり肌悩みをカバーしたいならこれ。ふんわりマシュマロ肌仕上がりに。

マキアージュ ドラマティックパウダリーEXオークル10／マキアージュ

みずみずしくしっとり肌になじむリッチな使用感。特に秋冬のツヤ肌作りにおすすめ。

クレ・ド・ポー ボーテ タンクッションエクラ ルミヌ オークル10／クレ・ド・ポー ボーテ

## 優しくスライド塗り

# パウダーファンデーション

ひと塗りでしっかりカバーして、サラサラな清潔感のある仕上がりになる
パウダーファンデーション。厚塗りにならないコツは肌が動かないくらい
優しくスライド塗りをすることです。

〈ファンデーションを塗るときの横からの図〉

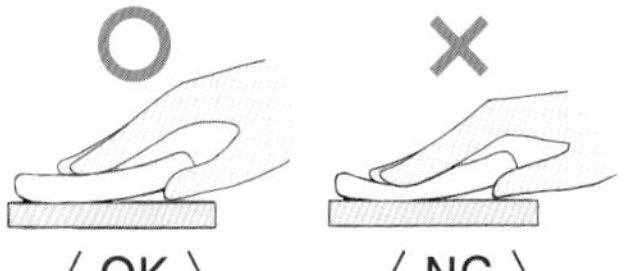
○
×
〈OK〉
〈NG〉

|箇所に対してパフの半分の面積に2回スライドするくらいの量。たくさんの量を取るのではなく、まんべんなく取るために2回スライドさせるのがポイント。塗る前には手の甲でトンとおいてオフするように。

スポンジがつぶれるくらい
ぎゅっと取るのはNG！
マシュマロのように
ふわふわと取ってください！
横から見たときにパフが
つぶれないくらいに。

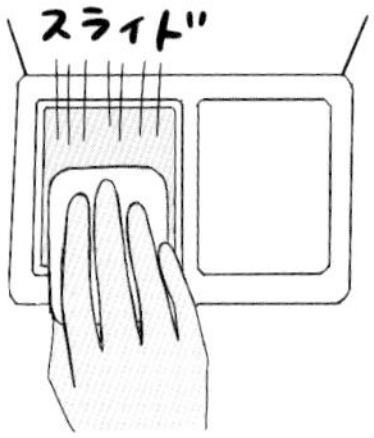
スライド

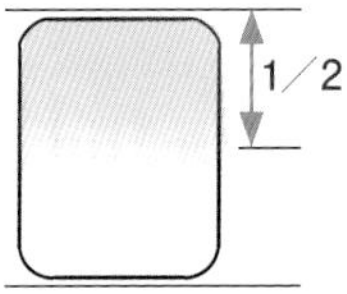
1/2

もやっとついている
くらいが適量

## 1 塗る量

適量を取って、少しずつ塗っていくと厚塗りにならず軽やかに密着します。スポンジは2回ほどスライドさせて、ファンデーションを均一に取りましょう。

### 全体の量について

|回パフに取った量で全顔を塗るのではなく、次の5つのパーツごとに|回ずつ取るのがポイント！

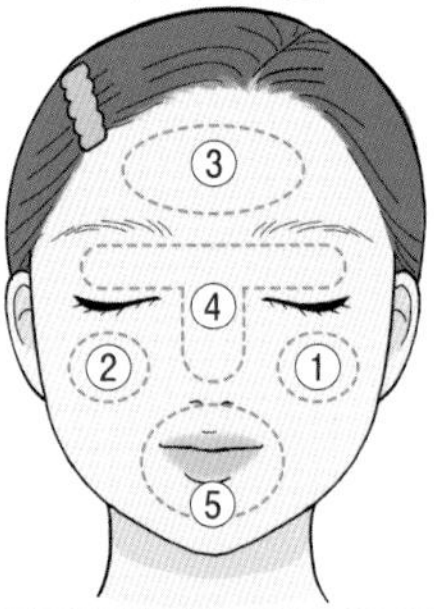
③
④
②
①
⑤

①右頬
②左頬
③額、眉
④まぶた、鼻
⑤口の周り

適量を5回取って、
各パーツに塗って
いきましょう

## 2 塗り方

優しくスライドさせながら塗りましょう。目の下、小鼻などの細かい部分は、優しくトントンとタップするように塗るとしっかりカバーできます。

**STEP 1**

適量を取る

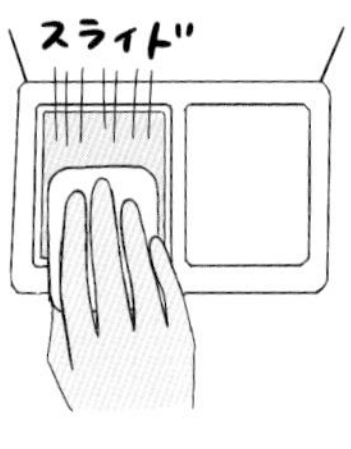
スライド

**STEP 2**

手の甲に|回トンと置き、オフする

トン

トンは
大事！

スポンジの上でファンデが固まりすぎてしまうときれいに伸ばせなくなってしまうので、必ず手の甲にトンと置く

## STEP 3

### それぞれの箇所でファンデーションをなじませていく

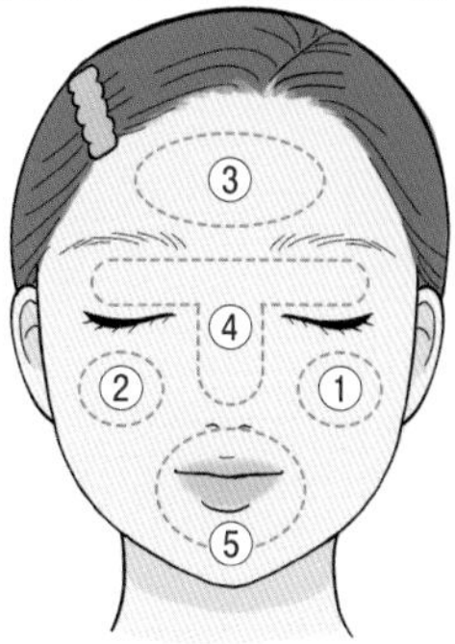


リキッドファンデーションのように置いて伸ばすのではなく、肌の上にスポンジをのせたらそのままスライドさせましょう。

### 〈 両頬①、② 〉

片頬ずつ塗ります。まずは目の下のクマをトントンとタップするようになじませます。その後は鼻の横から顔の外側に向かってひと塗り、余ったものは小鼻になじませます。

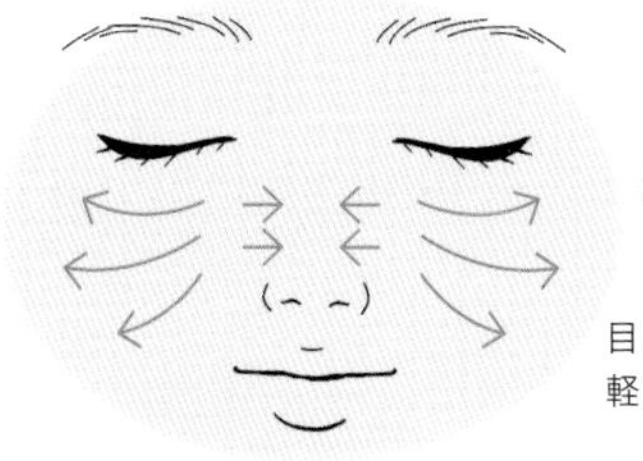

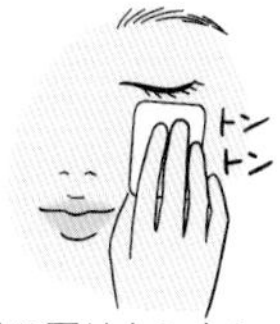


目の下はトントン軽くタップ

### 〈 額、眉③ 〉

額は外側に向かってスライドさせます。余ったもので眉毛の下の肌と上まぶたにも塗ります。

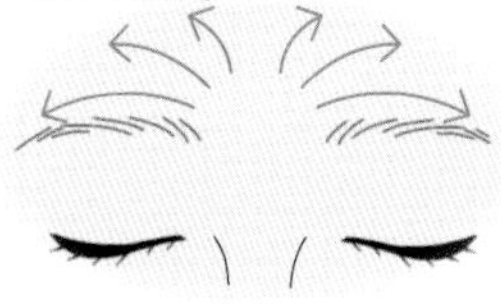

### 〈 まぶた、鼻④ 〉

上まぶたに塗りそのまま鼻筋へ滑らせます。鼻の横を忘れずに塗りましょう。毛穴が気になればスポンジで毛穴を埋めるようにポンポンと優しく叩き込みましょう。

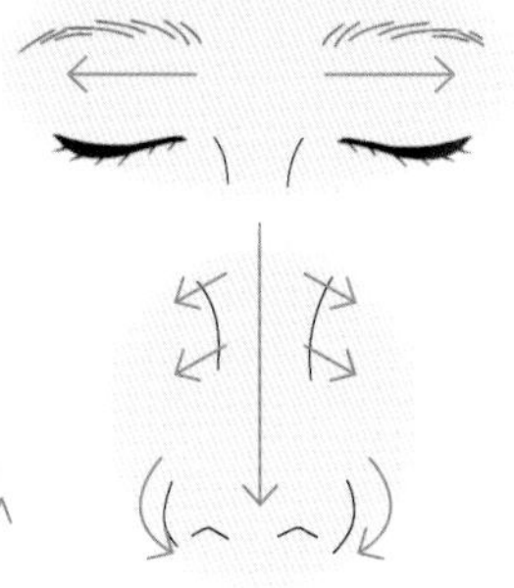

### 〈 口の周り⑤ 〉

口角は引き上げるように下から上に向かって塗るのがポイント。

### パフの使い方

〈 OK 〉
球体を意識して塗る

〈 NG 〉
まっすぐ動かすのはNG

## ファンデーションがきちんと塗れたか、最終チェック

### □塗りムラや筋がないか

この段階でムラを発見した場合は横に引っ張るように伸ばさずに、上からポンポンとスポンジでなじませて。

### □ファンデの塗り終わりにムラがないか

鏡で横顔を確認して、顔の外側にファンデが溜まっていないかチェックしましょう。

### □ファンデーションでカバーできる部分が残っていないか確認

ファンデをもう一層薄く重ねればコンシーラーを使わなくても自然にカバーできそうと思ったら、もう一度重ね塗りしてみて。

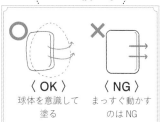

Part 02

# コンシーラーのあるある失敗とは

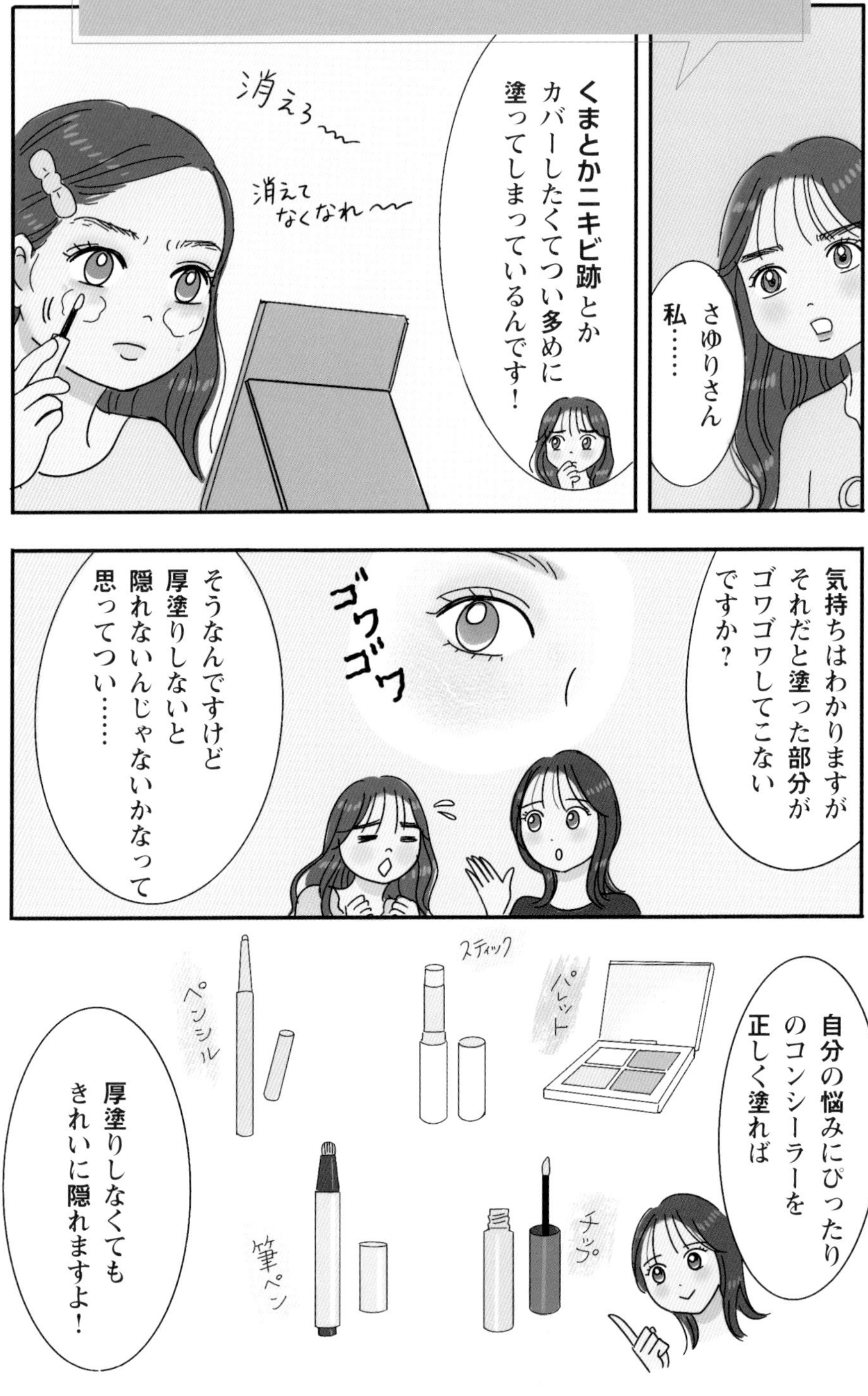
さゆりさん 私……
くまとかニキビ跡とか カバーしたくてつい多めに 塗ってしまっているんです！
消えろ〜〜
消えて なくなれ〜〜
気持ちはわかりますが それだと塗った部分が ゴワゴワしてこない ですか？
ゴワゴワ
そうなんですけど 厚塗りしないと 隠れないんじゃないかなって 思ってつい……
自分の悩みにぴったり のコンシーラーを 正しく塗れば
パレット
スティック
ペンシル
チップ
筆ペン
厚塗りしなくても きれいに隠れますよ！

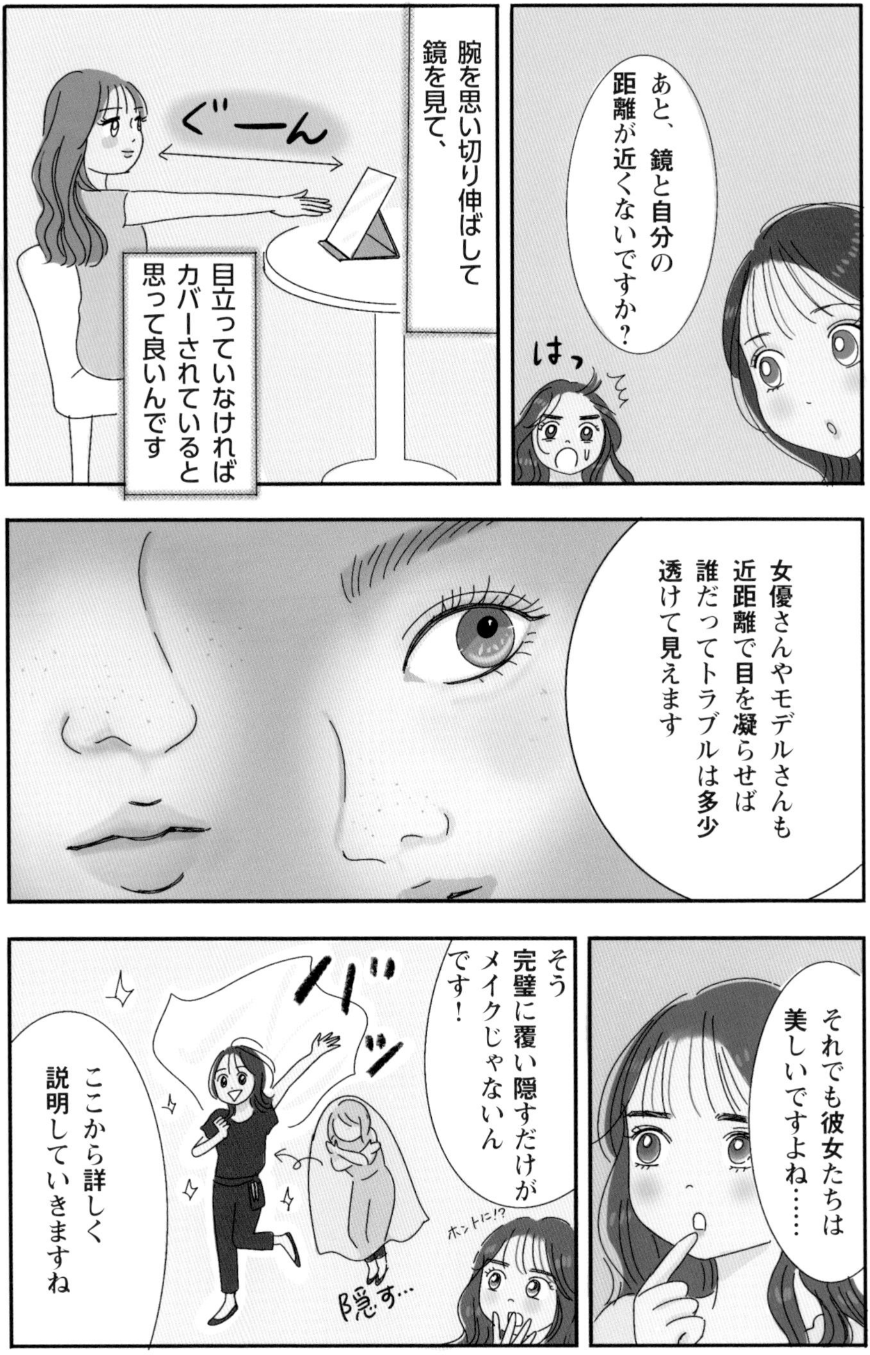

あと、鏡と自分の距離が近くないですか？
はっ
腕を思い切り伸ばして鏡を見て、
ぐーん
目立っていなければカバーされていると思って良いんです
女優さんやモデルさんも近距離で目を凝らせば誰だってトラブルは多少透けて見えます
それでも彼女たちは美しいですよね……
そう完璧に覆い隠すだけがメイクじゃないんです！
ホントに!?
バッ
隠す…
ここから詳しく説明していきますね

Part 02

# 肌悩みをカバーする
# コンシーラー編

コンシーラーは肌悩みを隠してくれる強い味方ですが、ゴワつきや厚塗り感に悩んでいる人も多いのではないでしょうか。
自分に合ったアイテム、塗り方を知れば、きれいにカバーできます！

## カバー力が高く ピンポイントで悩みを隠す

肌悩みをコンシーラーでカバーできると、自信につながりますよね。例えば、目の下のくまをカバーすればお疲れ顔から元気な表情に見え、気持ちも明るくなります。コンシーラーはそういうパワーがあるアイテムなんです。

## 肌悩みに合わせた色選びと塗り方のコツが大切

厚塗り感を出さずに自分の肌悩みをカバーするには、肌悩みに合った色選びや、塗り方のコツを知っておくことが大切です。難しいイメージがあるかもしれませんが、逆に全部ベージュで隠そうとするほうがテクニックを要するので、肌悩み別に色選びを覚えておきましょう。

## 主な肌悩みの種類

コンシーラーはピンポイントで使うのが正解なので、まずは鏡でカバーしたい自分の肌悩みをチェックしましょう。

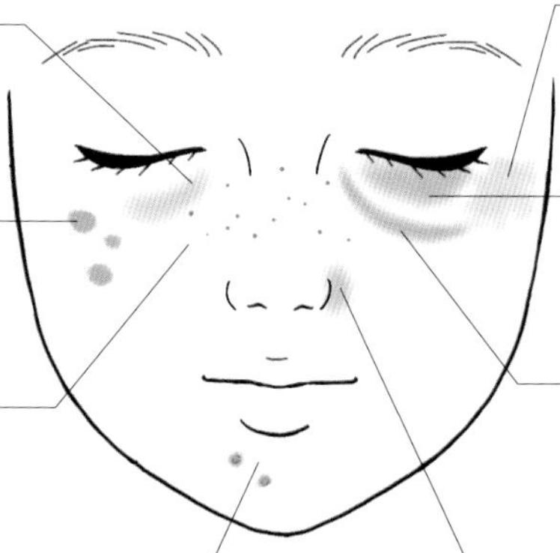

**青ぐま**
寝不足や疲労、血行不良で目の下が青くなってしまう。

**シミ**
茶色い斑点で頬の高い部分にできやすい。紫外線や年齢などが原因。

**そばかす**
茶色の小さなシミで、鼻や左右の頬を中心に現れる。

**ニキビ・ニキビ跡**
毛穴の詰まりやアクネ菌の増殖が原因。あご、額など皮脂が多い箇所にできやすい。

**肝斑**
薄茶色のもやもやしたシミ。頬骨の高い部分に左右対称に出やすい。

**茶ぐま**
色素沈着が原因で目の下が茶色くくすんで見える。目をこするクセのある人はできやすい。

**黒ぐま**
加齢や、たるみによって、目の下が影のように黒く見える。

**赤み**
肌の乾燥や炎症によって起こる。小鼻や頬などに現れることも。

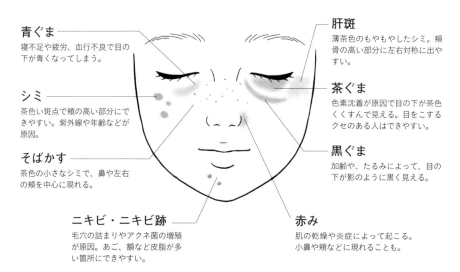

# コンシーラーの基礎知識

| | パレット | スティック | ペンシル | チップ | 筆ペン |
|---|---|---|---|---|---|
| 種類 |  | 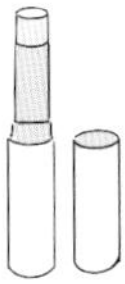 | 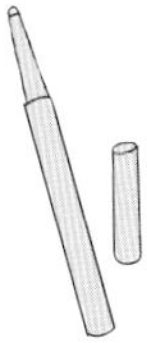 | 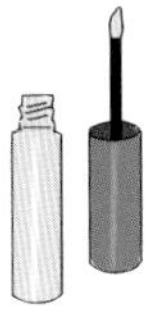 | 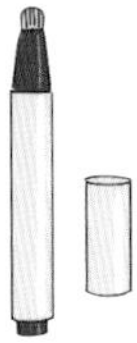 |
| タイプ | クリームタイプ | | | リキッドタイプ | |
| 塗る範囲 | 全顔 | 全顔 | 涙袋、眉周り、口角 | 全顔 | 目の周り、頬 |
| 特徴 | カバー力と肌なじみの良さが特徴 | 密着力が高く、ハイカバー | やわらかくクリーミーで細部への使用に適している | 適度なカバー力で広範囲にも広げやすい | 薄く均一に塗れるので皮膚が薄いゾーンに適している |
| 質感 | クリーミー | ピタッと | なめらか | とろとろ | サラサラ |
| おすすめの人 | ・どれを使ったらいいかわからない人におすすめ | ・シミや赤みなど色が濃い肌悩みがある人<br>・しっかりカバーしたい人 | ・涙袋メイクなど、細部のメイクを楽しみたい人<br>・眉メイクの修正にも便利 | ・広範囲に広げて使いたい人<br>・肝斑やそばかすをカバーしたい人 | ・目周りなど皮膚が薄い部分をナチュラルにカバーしたい人<br>・軽めのカバー力が好きな人 |

お悩みごとの
色選びや塗り方は
次のページへ GO!

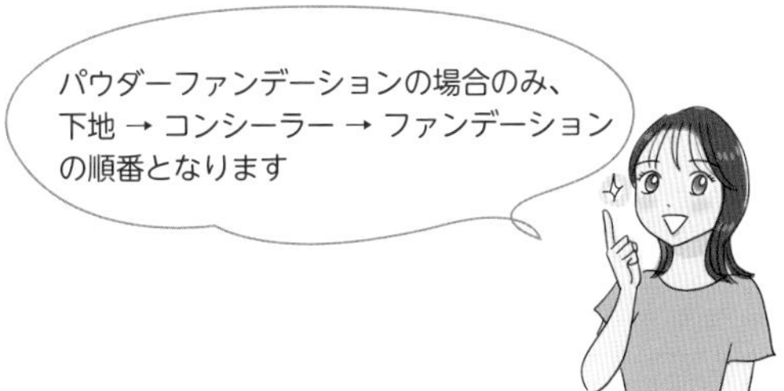
パウダーファンデーションの場合のみ、
下地 → コンシーラー → ファンデーション
の順番となります

## 肌悩み別

# コンシーラーの使い方

コンシーラーで肌悩みをカバーすると、結局厚塗りになってしまうことはありませんか？
肌悩みの種類によって、塗り方を変えられると
軽やかにカバーすることができます。

## くま

目の下は皮膚が薄く、コンシーラーがなじみにくい部分。そのため自分のくまの種類を知り、それに合う色選びや塗り方が大切です。

### くまのセルフ診断

**黒ぐま**

鏡を見ながら少しずつ上を向くとくまが目立たなくなる

**➡明るめのベージュでカバー**

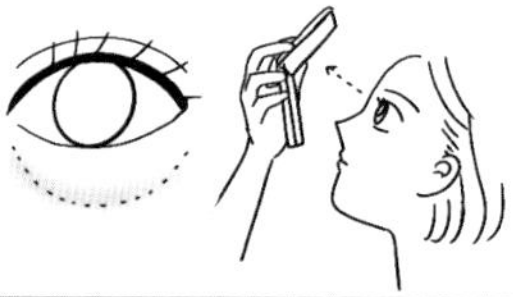

**茶ぐま**

目の下を引っ張るとくまの位置が引っ張ったほうに動く。茶色にくすんでいて、ごわつきがある

**➡オレンジでカバー**

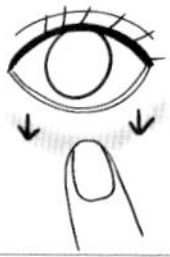

**青ぐま**

目の下を引っ張ってもくまの位置が動かない。薄まって見えず色が青っぽい

**➡オレンジかピンクオレンジでカバー**

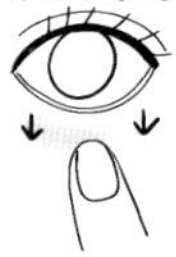

## カバーの仕方

もちろん合わせても
GOOD！

**青くま、茶ぐまさんは必須**

**STEP 1**

オレンジもしくはピンクオレンジ系のコンシーラーを指先に取る

ぐりぐり取らず、指先の皮膚が透けるくらいの量を意識して。

指紋が微妙に透ける
くらいが両目分の量

**STEP 2**

くまの上に指先でスタンプするように２箇所置く

**STEP 3**

くまゾーン全体になじませる

指先で優しくタップするのがポイント。

**黒ぐまさんは必須**

**STEP 4**

STEP1 のように少量のベージュカラーのコンシーラーを指先に取る

**STEP 5**

目頭の下のくまが始まるスタート地点にコンシーラーを置き、なじませる

余ったものでくまの境目をなぞるようにぼかす。

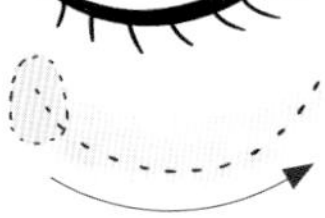

**パレットタイプ**

1つ持っておけば全ての肌悩みに使えます。

**使うのはコレ！**

シミやニキビは色が濃いので、コンシーラーの正しい色選びとちょっとした塗り方のコツが必要になります。でもポイントはすごくシンプルですよ。一緒に見ていきましょう。

# シミ・ニキビ・ニキビ跡

## カバーの仕方

### STEP 1

パレットの中の濃いベージュカラーを選ぶ

指先でくるんと1周させて取ります。中サイズくらいのシミやニキビなら1周で2箇所くらいカバーできます。

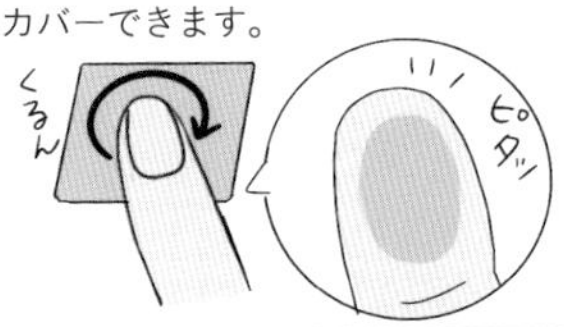


指紋が微妙に透けないくらいが目安

### STEP 2

シミやニキビの上にトンと置く

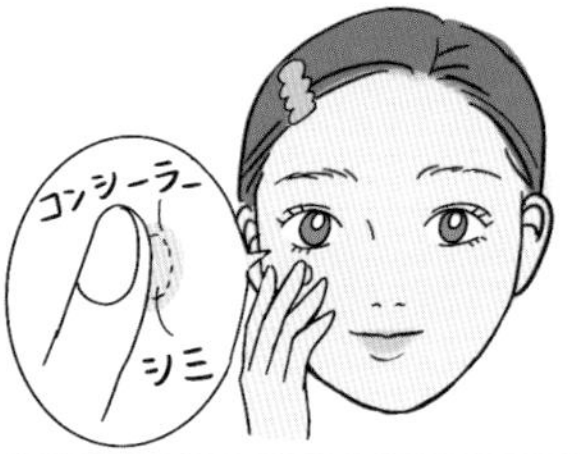


### STEP 3

シミやニキビの周りで円を描くようにコンシーラーを肌になじませる

シミが隠れにくい人は
オレンジカラーやベージュカラー。
ニキビが隠れにくい人は
グリーンカラーやベージュカラー
で同じ工程を繰り返すと
しっかりカバーされます

### STEP 4

余ったコンシーラーで中心を優しくトントンなじませる

**力加減について**

コンシーラー塗るときのタッチは温泉卵をつぶさないくらいの優しいタッチで！

## おすすめアイテム

ハイカバーで高密着。伸びが良く、頑固な肌悩みを隠すのにおすすめ。

ディオール スキン フォーエヴァー スキン コレクト コンシーラー 00.5N／パルファン・クリスチャン・ディオール

目の下のくまに悩んでいる人におすすめの、ハイカバーな目の下専用コンシーラー。

NARS　ラディアントクリーミー　カラーコレクター 00251 ／ NARS JAPAN

4色のクリーミーなコンシーラーパレットは持っていて損なし！　私も必ずメイク現場に持っていく一品。

トーンパーフェクティング パレット 02 ／コスメデコルテ

**パレットタイプ**

赤み・そばかす・肝斑のカバーにも使いやすいです。

**使うのはコレ！**

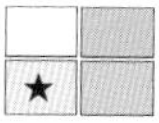


## 赤み

赤みの出やすい小鼻横やあごは表情の変化に合わせてよく動かすパーツ。そのためヨレないように薄く密着させることが大切です。

## カバーの仕方

**STEP 1**

パレットの中のベージュカラーを指先でくるんと一周させて取る

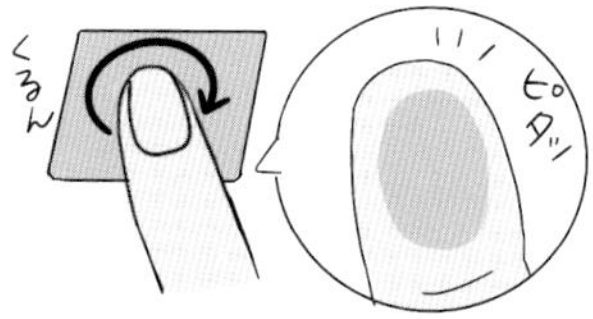


この量で小鼻横の赤み＋あご全体の赤みくらいの範囲はカバーできます。

**STEP 2**

小鼻横やあごなど赤みの気になるところに置く

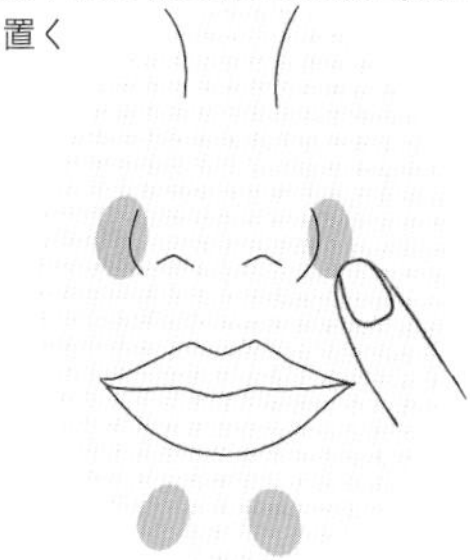

**STEP 3**

優しくトントンとなじませる
カバー力が足りなければさらに薄く重ねましょう。

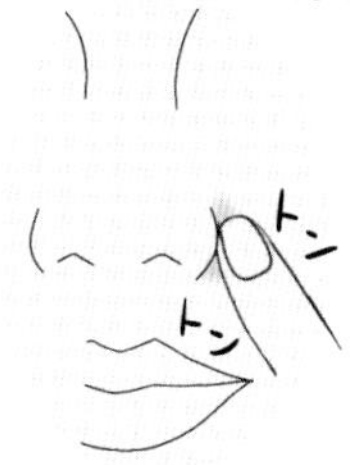


**塗り方のポイント**

小鼻横などは溝をめくってしっかり塗りましょう！

### おすすめアイテム

細チップで気になる肌悩みをピンポイントでカバー。持ち歩きコスメとしても便利。

ヴィセ　エクストラ スキニー コンシーラー　01／コーセー

光でカバーするナチュラルな仕上がり。イエローカラーはシミや肝斑のカバーにおすすめ。

RMK ルミナス ペンブラッシュコンシーラー 05／RMK Division

どんな肌悩みにもピタッと密着してカバーしてくれる。汗や皮脂にも強い。

ファシオ　ウルトラカバー コンシーラー WP　02／コーセー

# そばかす・肝斑

そばかすや肝斑は広範囲でカバーが必要な肌悩みになるため、軽く伸ばしやすいコンシーラーを選びましょう。色はベージュやイエロー系がおすすめ。

## カバーの仕方

### STEP 1

パレットの中で黄色味のあるベージュカラーもしくはイエローカラーのコンシーラーを取る

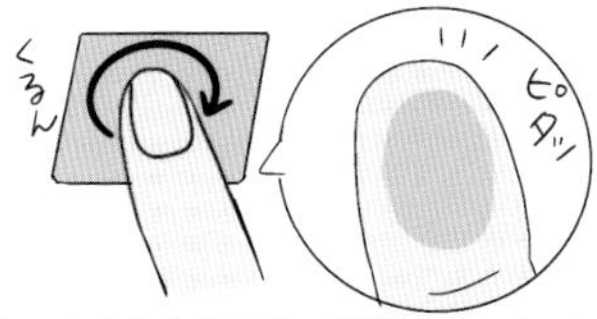


指先でくるんと1周分で片顔くらいカバーできます。

### STEP 2

気になる部分全体にボヤボヤとふんわり置く

### STEP 3

指の腹全体で優しくトントンなじませる

### 色の選び方

そばかすや肝斑はイエロー系のコンシーラーがよく隠れます。コンシーラーの色が肌から浮く場合はイエロー系の下地を使ってみましょう！

## コンシーラーがきちんと塗れたか、最終チェック

Check!

□塗りムラがないか

□ごわつきがないか（密着しているか）

当てはまる場合は指の腹で優しくなじませて。指の温度でしっとりさせてムラやごわつきをなじませます。横に擦ってなじませるのは事態を悪化させるのでNG。

□コンシーラーカラーが浮いていないか

目元にオレンジや、ニキビ跡にグリーンなどのカラー系を使った場合は、浮いていたら上からベージュ系コンシーラーを薄くのせてなじませてみて。

Part 02

# フェイスパウダーのあるある失敗とは

さゆりメイク クイズ
ベースの最後の仕上げのパウダーあるある失敗といえば……
ハイハイ！
粉っぽくなる！
正解！
粉っぽくなる！
白っぽくなる！
正解！
白っぽくなる
どちらもつけ方に問題があります
例えば、パフは強くはたきながらつけていない？
バフバフ
ゴシゴシ
目の周りや、小鼻周りをゴシゴシこするようにつけていない？

ギュッ
ギュッ
バッバッ
やっているかも……
ふんわり
パフは優しく
NG
ぐにん
OK
ふわっ
ふわっ
お肌が沈まないくらいの柔らかいタッチで塗るのがポイントです！
ちょっとした差で仕上がりが変わりますよ！
本当ですね！すごい！

Part 02

# ベースメイクを密着させる フェイスパウダー編

とりあえず最後にフェイスパウダーをはたいておけばOK……
そう思っていると実はすごくもったいない工程です。
粉の含ませ方、適量、力加減をマスターしていきましょう。

## ここまでのベースメイクを密着させる

ここまで丁寧に作ってきたベースメイクの良さを残しつつ、しっかりと崩れにくく密着させてくれる重要な工程です。ここを適当にすると最後の最後で粉っぽく厚塗り感のある印象になってしまうので気をつけましょう。

## ルースとプレストの2種類 なりたい肌に合わせて選ぶ

フェイスパウダーはルースとプレストの2種類あり、粉状のルースはふんわり透明感のある仕上がりに、固形のプレストは密着度が高く、ハイカバーなものが多いです。またカラーも豊富なので、なりたい肌の雰囲気やシーンによって使い分けましょう。

## フェイスパウダーの基礎知識

| | | |
|---|---|---|
| 種類 | ルースパウダー 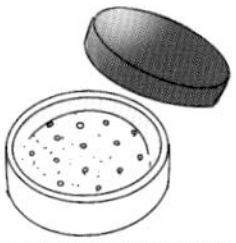 | プレストパウダー  |
| 範囲 | 全顔 | 全顔 |
| 特徴 | 粉状のフェイスパウダー。量の調整がしやすく、しっかり塗りから薄塗りまで自由自在 | 粉状のフェイスパウダーが固められているもの。カバー力が高く、粉飛びしにくい。サイズもコンパクトなものが多い |
| 質感 | マシュマロのようなふんわり肌 | なめらかでマットな肌 |
| おすすめの人 | ・ふんわり透明感を出したい人<br>・量の調整をしたい人 | ・適度なカバー力を求める人<br>・持ち歩き用。お直しコスメとして持ち歩きたい人 |

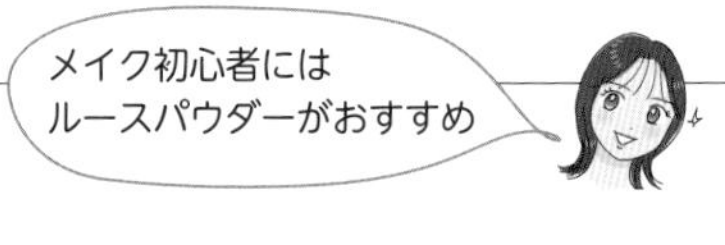

## フェイスパウダーの色選び

ファンデーションを塗った後の顔色を見て選ぶと良いです。
お直しパウダーとして持ち歩きたい人は自分がどう肌がくすむのか、
それに合わせて選んでみて。

**ピンク**
血色感をプラスし、肌を明るく仕上げてくれる。夕方のお直しにもおすすめ。

**ベージュ**
肌なじみがよく、ファンデーションのカバー力をさらに高めてくれる。

**クリア＆ホワイト**
メイク初心者におすすめ。適量塗ることができなくてもきれいになじむ。

**マーブル**
さまざまなカラーが混ざり合うことで明るく華やかな肌に仕上がる。

**グリーン**
赤みをカバーしてくれるので、赤ら顔やニキビに悩んでいる人におすすめ。

**パープル**
肌の黄ぐすみを飛ばして透明感がアップする。

## パフとブラシの違い

**ふんわり軽く塗りたい**
**→ブラシがおすすめ**

ひと塗りで広範囲がカバーできる。ふんわりした仕上がりになり、透明感がアップ。ナチュラルな仕上がり。

**テカリを抑えて、きちんと塗りたい**
**→パフがおすすめ**

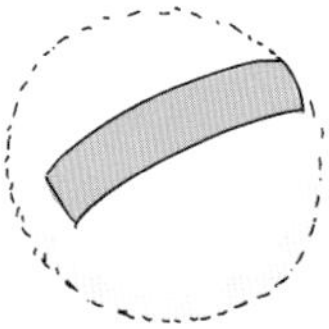

ブラシより肌に密着しやすいので、皮脂やテカリを抑えてくれる。ヨレや毛穴が気になる人におすすめ。

## フェイスパウダーを塗る範囲

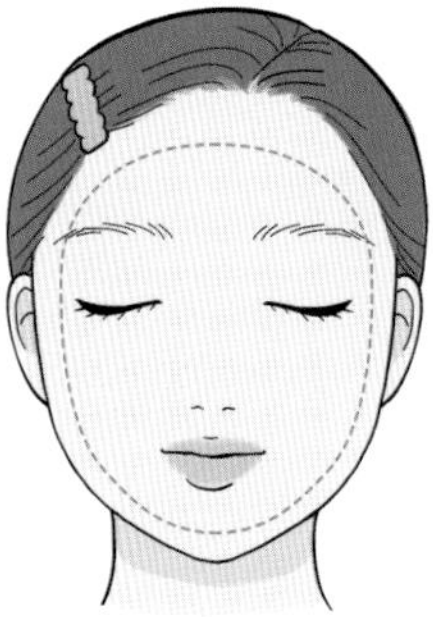

ファンデーションと同じ範囲につけます。顔の輪郭から１～２㎝程度内側を塗りましょう。顔のひと回り内側を目安に。

もしも顔周りのベタつきが気になる場合はフェイスラインまで少量塗ってください。

## きちんと感のあるサラサラ肌になる

# パフを使う場合

しっかりと粉を密着させることができるパフはテカリが気になる、
毛穴が目立ちやすい人に最適。基本をマスターすれば、
付属のパフでもプロ級の仕上がりを目指せます。

### 1 塗る量

パフは粉が大量に取れてしまうことが多いので、注意しましょう。塗りすぎは白浮きや厚塗りの原因に。

#### 〈 ルースタイプ 〉

容器を逆さにして3回トントンと叩き、パフに取る。

量は
これくらい

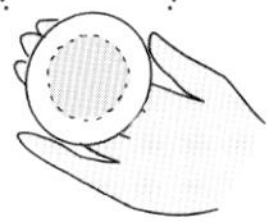

#### あまり粉が出てこない場合

パフを数ミリ浮かせて
トントンしてみて

#### パウダー本体のサイズによって出し方を調節

**小さいサイズなら**

トントントンの3回で
1/3～半顔分くらい

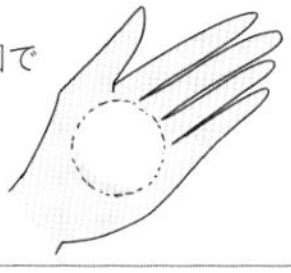

**手のひらサイズの大きめのパウダーなら**

トントントンの
3回で全顔分

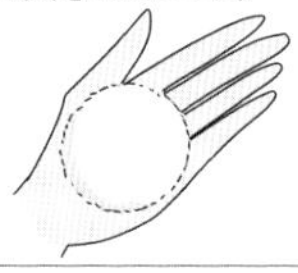

#### 〈 ネットタイプ 〉

トンと1回取って全顔分くらい。逆さにすると大量に取れてしまうので注意を。

#### 〈 プレストタイプ 〉

スッスッと2回滑らせて半顔くらい。

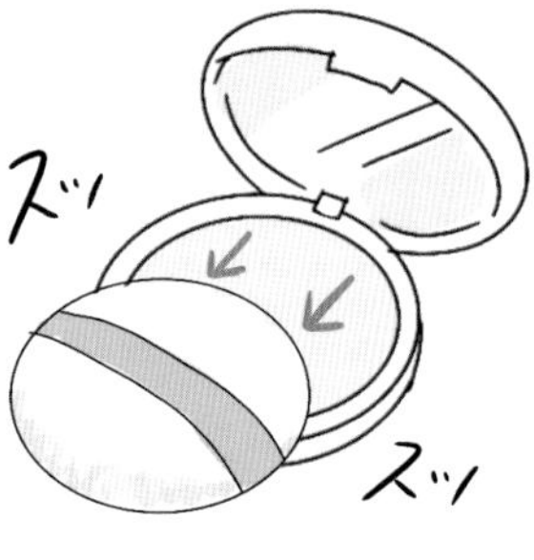

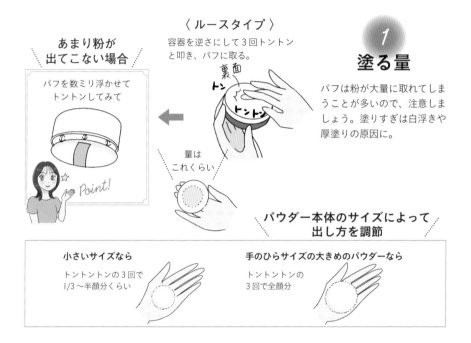

## 2 塗り方

粉を密着させようとパフを強く、肌に押しつけるのはNG。優しく当てるようにつけていきましょう。細部はパフを折り曲げて使います。

**STEP 1**

適量をパフに取る

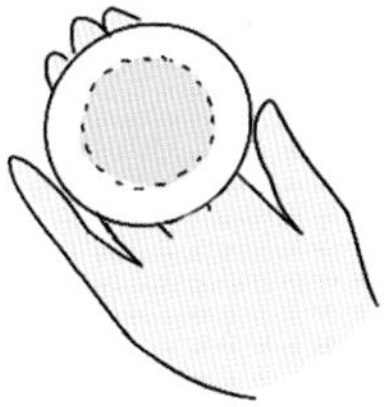

**STEP 2**

手の甲に1度トンと置く

べたつきのあるファンデーションの上に粉が固まってつくとムラになるので、1度トンをするのを忘れずにしましょう。

粉が固まってつくと
なじませるのが大変です

**STEP 3**

テカリや崩れが気になるパーツからトントンなじませていく

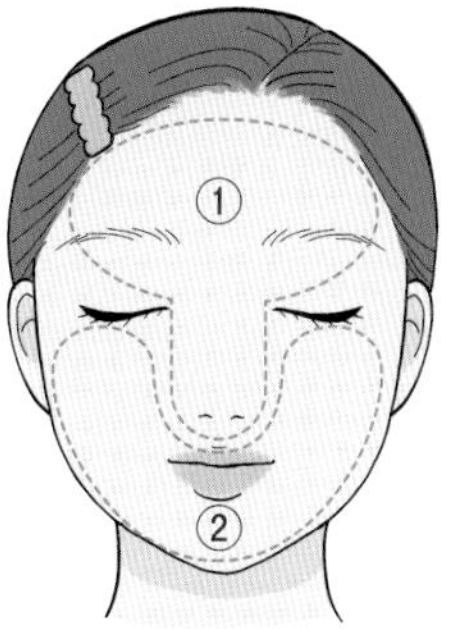


### 〈 ①額、小鼻、眉毛の周り 〉

額や鼻周りなどテカリやすい部分にパフを置きます。そこからトントン広範囲になじませて。

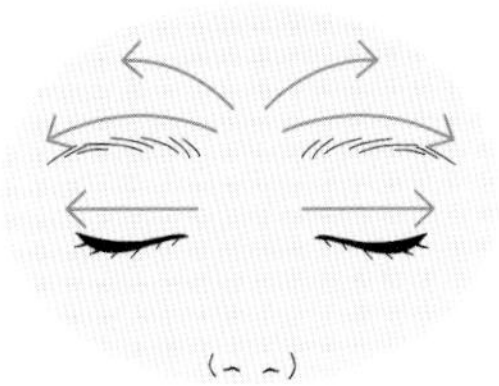

眉毛の上やまぶたをサラサラにすることで、アイメイクのノリや持ちがアップします。

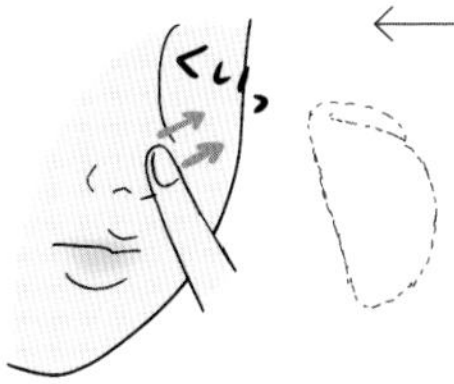


毛穴やヨレが気になる鼻横は小鼻をめくってパフを折り曲げて塗ります。

### 〈 ②頬、口の周り 〉

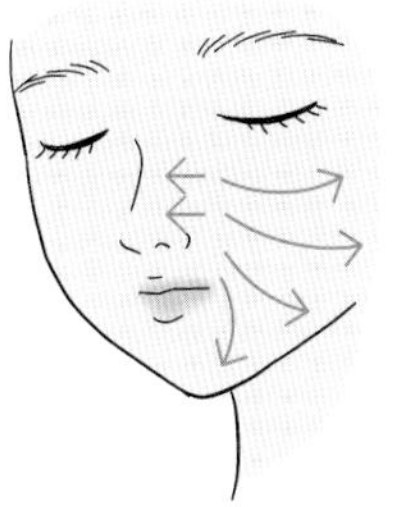

頬の中心から外側（輪郭）へ向かってなじませ、余ったもので口の周りを塗ります。粉っぽくなってしまう人は塗る前にパフにパウダーをもみ込んでみて。

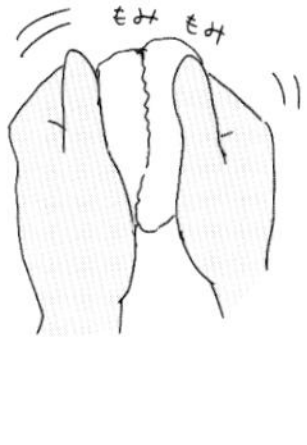


### パフののせ方の注意点

しっかり塗ろうと力強く粉をのせるのはNG。
パフの形が凹まないように優しくのせるのがポイント。
力強くしないとつかない場合は量をプラスしてみましょう。

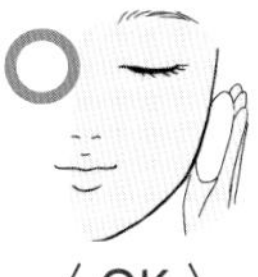


〈 OK 〉
変形していない

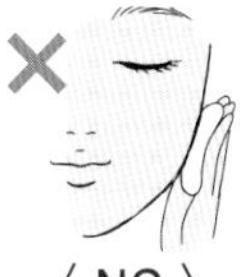


〈 NG 〉
パフが凹むのはNG

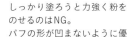

ふんわりと軽い仕上がりになる

# ブラシを使う場合

空気を含みながらふんわりナチュラルに仕上げることができるのがブラシの良いところ。押し当てずに滑らせるような意識で塗りましょう。

## 1 塗る量

大切なのはブラシにまんべんなく粉を含ませることです。そうすることで優しく滑らせるだけで、きれいに仕上がります。

ブラシにまんべんなく含まれていればOK！

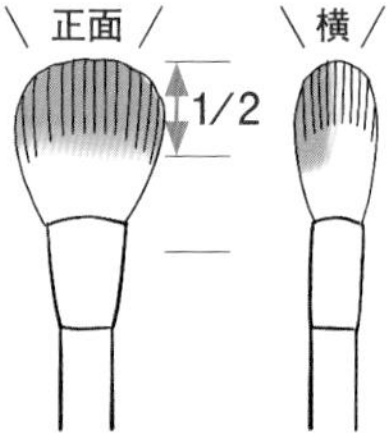
正面
横
1/2

### 〈ルースタイプ〉

パフと同じくケースを逆さにしてトントントンと３回叩き、パフについたものをフェイスブラシの片面に取る。大きめのフェイスパウダーならこれで全顔分くらい。

ズッ ズッ
裏面
トン
トントン

### 〈ネットタイプの場合〉

ブラシにトンと１度置くだけで適量取れる。これで全顔分くらい。

トン

ユサ
ユサ
ジグザグ

### 〈プレストタイプ〉

ブラシを少し倒して横に振りながらユサユサユサと３回するとルースタイプと同じくらいの量を取ることができる。

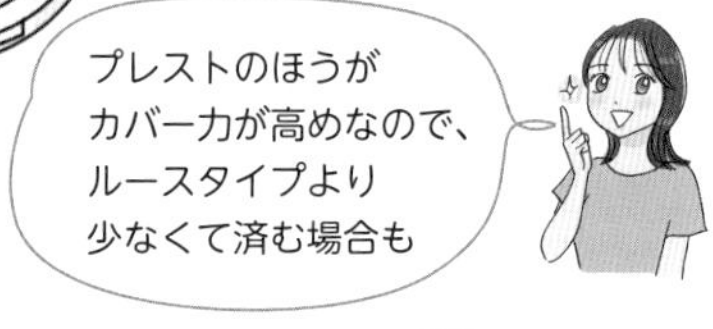
プレストのほうがカバー力が高めなので、ルースタイプより少なくて済む場合も

## 2 塗り方

ブラシは顔の中心から外側にスライドさせながら動かすのが基本。テカリが気になる部分はトントンと置くように塗ります。

**STEP 1**

適量をパフに取る

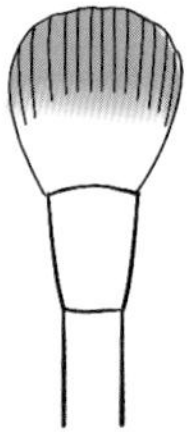

**STEP 2**

手の甲に１度とンと置く

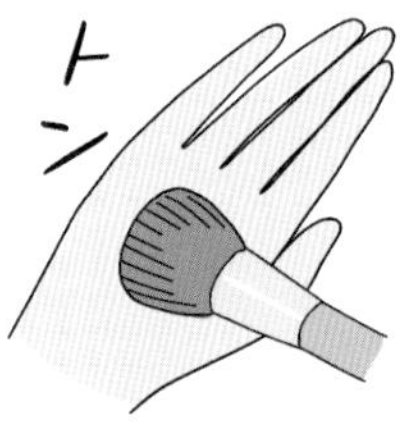
トン

## STEP 3

テカリやすいパーツからブラシを置き、塗っていく

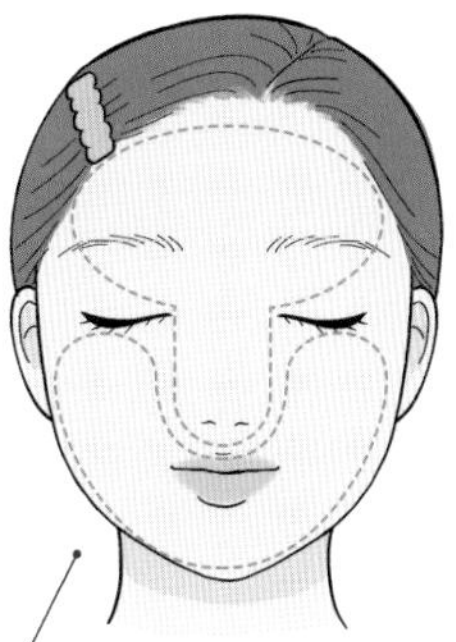

### 〈 ブラシを滑らせる方向 〉

迷ったら中心から輪郭へ向かって、滑らせるようにブラシを動かしましょう。ナチュラルに仕上がるので物足りない場合はもう一度パウダーを取って重ね塗りをしてみて。

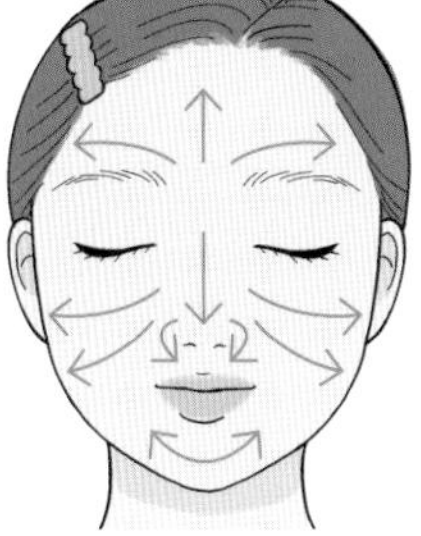

### 〈 テカリが気になる部分 〉

しっかりカバーしたい部分にはブラシをトントンと置くように塗りましょう。滑らせるよりも、しっかり密着します。

### ブラシの力加減

ブラシの毛を根元から折るのではなく毛先を広げるようにふんわり広げる感じで肌に滑らせていく

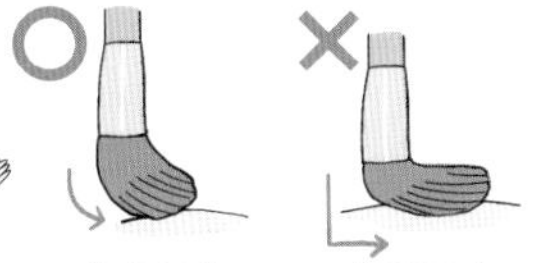


## フェイスパウダーがきちんとついているか、最終チェック

Check!

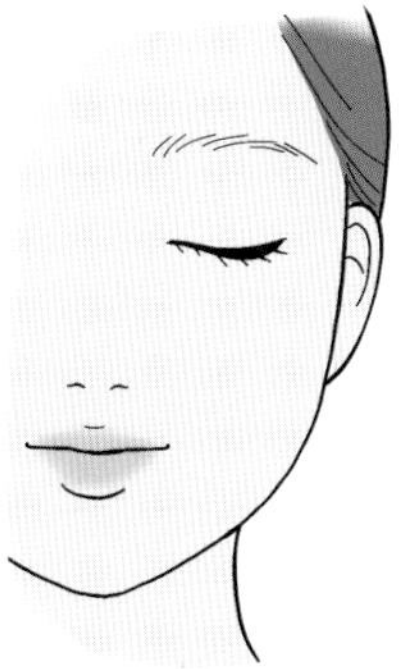

**□肌の表面がサラッとしているか**

手の甲で肌に触れて確認してみましょう。ベタベタしていたらもう一度薄く重ね塗りをしてみて。

**□ゴワゴワしていないか**

ゴワゴワとパサついていたら、塗りすぎかも。メイクの上から使える化粧水ミストを吹きかけてしっとりさせて。

**□パーツのキワに塗り残しはないか**

鼻横や目の下など、パーツのキワは崩れやすい部分です。塗り残しがあれば追加で塗りましょう。

## おすすめアイテム

DECORTÉ

肌と同化するほど滑らかなパウダー。
粉感が苦手な方におすすめ。

ルース パウダー　00／コスメデコルテ

GIVENCHY

「パウダーを塗ったほうが私の肌キレイ」を叶えてくれる、パーフェクトなアイテム。長年愛用しているパウダー。

プリズム・リーブル 1／パルファム ジバンシイ

しっとり肌に溶け込むので、肌が乾燥しているときにピッタリ。

セザンヌ うるふわ仕上げパウダー 03／セザンヌ化粧品

MAKE KEEP
POWDER

汗・皮脂やテカリに強いパウダーでアウトドアの日におすすめ。

メイク キープ パウダー／コーセーコスメニエンス

NARS

ひと塗りでサラサラ肌が作れる魔法のようなパウダー。無色透明で取り入れやすい。

NARS ライトリフレクティングセッティングパウダー プレスト N 5894／NARS JAPAN

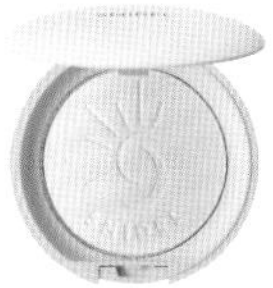

持ち歩き用のパウダーならこれ。夕方のどんより顔に透明感とツヤが宿り、パッケージも可愛いので気分が上がる。

SNIDEL プレストパウダー UV n EX00／SNIDEL BEAUTY

ふんわりと大きく毛が広がり、ササっと時短でフェイスパウダーを塗ることができる。

ブラシはいらないそう思う人に使ってほしいフェイスブラシ／ウエルシア薬局

この形状がとにかく使いやすい！　フェイスパウダーを塗るのはもちろん、チークやシェーディングのブラシとしても使える。

シームレス シェイピング & フィニッシュ ブラシ／ベアミネラル

肌悩みや
好みの仕上がりに
合わせて
選びましょう

*Part* **03**

## アイブロウ、ハイライト・シェーディング、チーク

# なりたい印象を叶える
# 骨格メイクの基本

メイクの中でも一番ナチュラルに、そして大きな印象の変化を
生むことができるのが骨格メイクです。
自然にコンプレックスをカバーしつつ、なりたい印象に近づくことができる
さゆりメイクには欠かせない考えです。
少しマニアックだけどとっても楽しいメイクの世界へ皆さまをお連れします。

自然にコンプレックスをカバーする

# 骨格メイクとは……

骨格メイクとは、アイブロウ、ハイライト、シェーディング、チークの4つの工程を指します。
なぜならごく自然にバレずにコンプレックスをカバーしながら魅力を引き出すことができる工程だからです。
例えば頬のたるみが気になるなら、チークを少し上の位置に塗るだけで頬が引き上がって見えますし、丸顔がコンプレックスなら、あご先にハイライトを塗るだけで輪郭がすっきりします。
華やかな色や特別なテクニックを使わなくても土台のバランスが整い、みるみる自信に満ちた表情に導いてくれます。

# 〈骨格メイク〉

## なりたい印象にチェンジ
## アイブロウ

アイブロウは人柄や感情を表す重要なパーツです。そのため形や濃さを変えるだけでも、自分の見せ方を大きく変えることができます。同じ顔立ちでも曲線的なアーチ眉を描いている場合と、つり上がった眉とでは印象が異なることが想像できるかと思います。大切なのは、理想の眉をイメージして描くこと。ここからしっかり解説していきますね。

## 顔に立体感を作る
## ハイライト・シェーディング

骨格メイクには特に欠かせない、ハイライト・シェーディング。ひと塗りで絶大な効果を発揮してくれます。光でボリュームを補い、影でボリュームを絞ることで、顔に立体感を与えます。メリハリのあるメイクが完成し、小顔効果も期待できます。

## バランスを整え、表情に変化を出す
## チーク

肌に血色感を与え、塗り方や色選びでなりたいイメージに近づくことができます。また、面長に見えるなど輪郭やバランスに対する悩みも自然にカバーできる嬉しいパーツです。

# アイブロウのありがちなお悩みとは

また 次回の動画でお会いしましょう!
今日の動画撮影はこれで終了!
そういえばこの前「眉毛の描き方について」の動画を上げたけど……
反響大きかったからコメントきていますよ!
マネージャー栗田さん
と言われていたなぁ〜
チェックしてみよう!
カタカタ
わあ
たくさん! ありがたい!!
なになに……
K
描いているうちに濃く太くなりすぎてしまいます >_<
み
動画を参考にするけどこれで合っているかわからない
眉頭の角度はどれくらいがいいですか?
?

平行眉がうまく描けない
フムフム…
眉毛を描くこと自体はそんな難しくないけど
なりたい印象は…？
どんな印象になりたいか決まっていないと難しいんですよね～
フレッシュな印象やトレンド感ある平行眉
かわいい感じやフェミニンな印象のアーチ眉
どんなイメージか決まらず迷いながら描いていて
もうちょっと眉山を…？
こうかなう～ん…
濃くなっちゃった!!
そういったことをちゃんとお伝えしてなかったからかも
さゆり反省…
よし！次のページから
なりたい眉をみんなが見つけることができて
実際、どう描けばいいのかについてわかりやすくイラストで解説します！
なりたい眉になろう♪

Part 03

# なりたい印象にチェンジ
# アイブロウ 編

眉毛は骨の上に乗っているパーツ。
だからこそ顔全体の印象を左右し、怒っている、笑っているなどの感情や人柄を表現できる大切な工程です。

### 理想の眉をイメージしてから描く

アイブロウはどうしても自眉に沿ってなんとなく描いてしまいがちなパーツですが、他のパーツと違うのが眉毛は塗る作業ではなく描く作業であるということ。だからこそ「どう描きたいか」をイメージしておくことが成功の鍵です。

### メイク初心者にはパウダータイプがおすすめ

アイブロウアイテムにはさまざまなタイプがありますが、ふんわりと自然なパウダータイプは、失敗しにくく誰でもきれいに仕上げることができます。慣れてきたらペンシルやリキッドタイプにも挑戦してみましょう。

## アイブロウの基礎知識

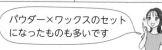

| | パウダー | ペンシル | リキッド | ワックス |
|---|---|---|---|---|
| 種類 |  |  |  |  |
| 特徴 | 粉状のパレットタイプ。数色入っているものが多く、混ぜて使えて便利 | 固形の芯で鉛筆のように描き足すタイプ。きっちり形が取りやすい | 液状のペンタイプ。眉毛を1本ずつリアルに描き足すことができる | 半透明のバーム（クリーム）タイプ。粘度が高く、しっかり発色して密着する |
| 仕上がり | ふんわり、ナチュラル | 毛流れ感、きちんと感 | ピタッと密着 透け感がある | ピタッと密着 |
| おすすめの人 | ・メイク初心者<br>・眉毛がしっかり生えている人<br>・ナチュラル眉に仕上げたい人 | ・眉毛がうすい人<br>・しっかり眉を描きたい人 | ・眉尻がヨレやすい人<br>・1本ずつリアルに描き足したい人 | ・眉毛がヨレやすい人<br>・眉毛メイクが苦手な人 |

慣れてきたら、眉の色を染めるアイブロウマスカラも取り入れましょう

パウダー×ワックスのセットになったものも多いです

# 眉の構成

眉毛を構成する要素は6つあります。これらを知ることで雑誌やSNSなどの眉メイクを見本にメイクする際も、自分に合わせた描き方ができるようになりますよ。

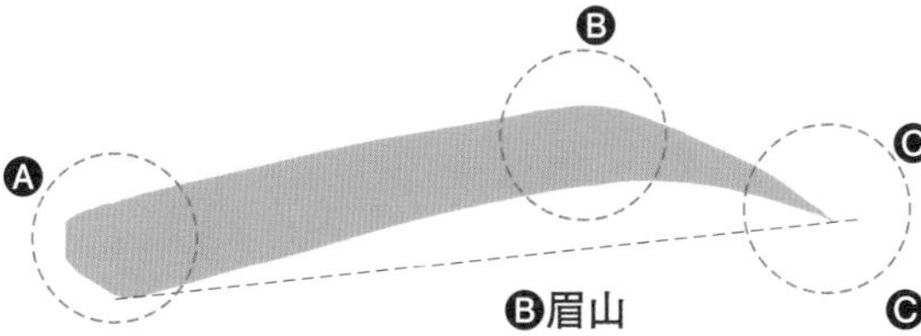


**A眉頭**
**性格を表す**
基準より内側：几帳面な印象
基準より外側：おっとりした感じ

**B眉山**
**顔の立体感を作る**
内すぎ：立体的
外すぎ：平面的

**C眉尻**
**色気を出す**
内すぎ：カジュアル
外すぎ：セクシー

## 太さ 印象を左右する

**太め**
信頼感

**細め**
ミステリアス

## 高さ 気持ちを表現する

**角度あり**
意志が強い

**角度なし**
穏やか

## 長さ 雰囲気を決める

**短め**
ユニセックス

**長め**
セクシー

# 基本の眉の位置・太さ

眉毛は眉頭、眉山、眉尻の３箇所に分けられていて、それぞれの基本の位置があります。この基本の位置で眉を描くと眉がバランスよく仕上がります。

**A眉頭**
小鼻の延長

**B眉山**
黒目の外側と目尻の間

**太さ**
目の縦幅の 1/2 ～ 2/3

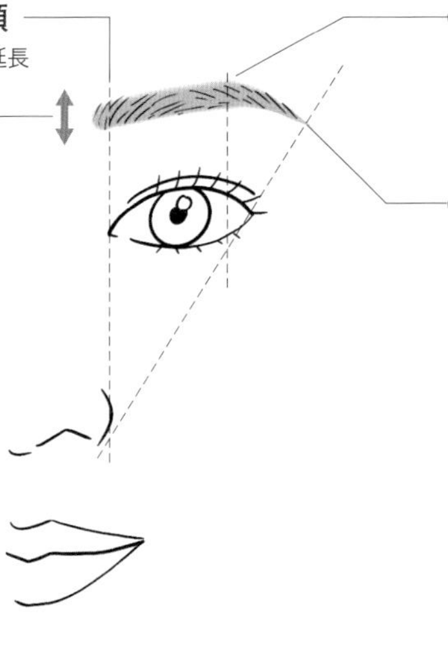

**C眉尻**
小鼻と目尻を結んだ延長

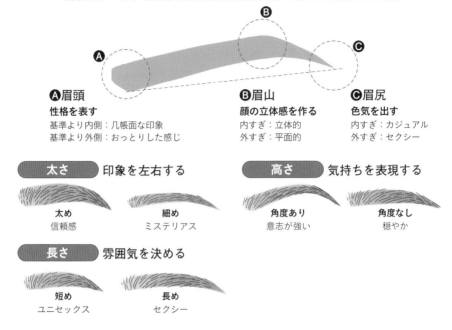

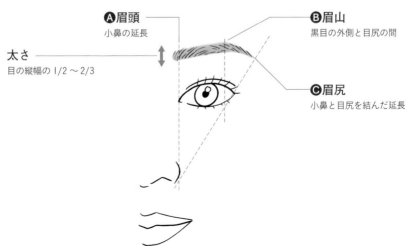

グラデーションを意識する

# 基本の眉の描き方

**使うのはコレ！**

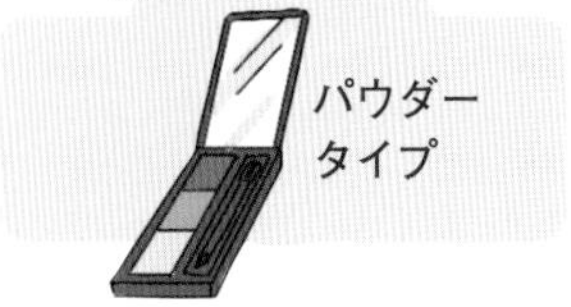


今回は誰でも描きやすいパウダータイプで、
眉の描き方を解説します。
ブラシの使い方や適量を知り、きれいな眉を描きましょう。

## 1 色の取り方

ブラシの先端の形によって、取り方が異なります。カットブラシはトントンと、丸めブラシはユサユサと揺らしならブラシに粉を含ませましょう。

### 丸めブラシなら

先端が丸くふんわりしたブラシはユサユサ横に振るようにパウダーを取る。

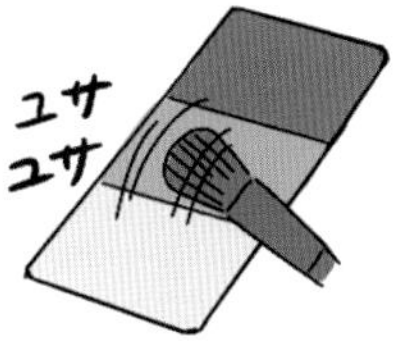


### カットブラシなら

先端が斜めにカットされているブラシは、トントンと置くようにパウダーを取る

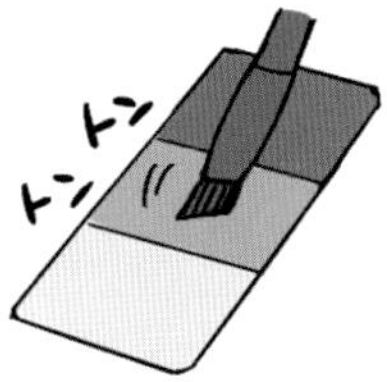


## 2 眉の描き方

きっちり基本の形通り、左右対称に描こうとしなくても大丈夫です。鏡を離して顔全体を見たときに、不自然でなければ上手に仕上がっていますよ。

**STEP 1** ダークカラー

**カットブラシで眉山〜眉尻を描く**

**STEP 2** ミディアムカラー

**カットブラシで眉中を描く**

ふんわりが好みの人は丸めブラシでもOK。

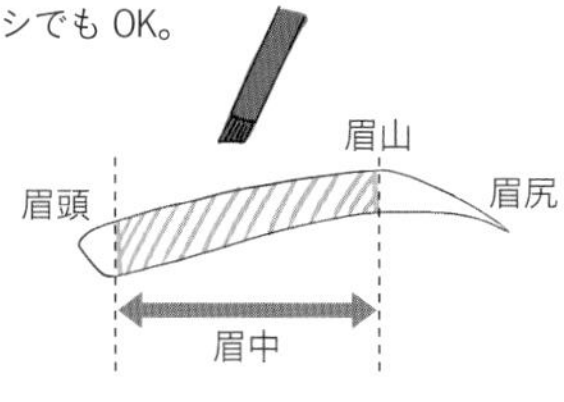


**STEP 3** ライトカラー

**丸めブラシで眉全体をなじませ眉頭を仕上げる**

眉中→眉尻→眉頭の順に色をふわふわ塗っていきます。最後に余ったもので眉頭を塗ると自然に仕上がります。

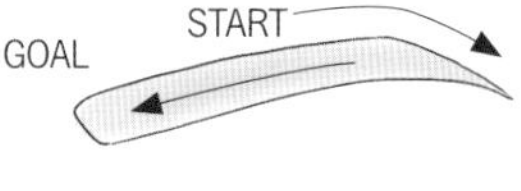

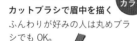

骨格や雰囲気で診断

# 自分に似合う眉毛がわかる！ 眉毛チャート

なりたい眉の印象がわからない人は眉毛チャートにトライしてみてください。
ご自身の骨格、雰囲気から似合う眉がわかります！

Start!

**① 身長は**
A 低い or 平均的
B 高い

自分の個性やキャラクターを活かす眉を見つけよう

A

**② 輪郭やパーツの形は？**
C 丸めの要素が多い
D 直線の要素が多い

B

**③どちらかというと他人からの印象は？**
E しっかり者
F のんびりマイペース

C

**④どちらかというと**
G 面長
H 面長ではない

D

**⑤ 髪型は**
I ふんわり
J ストレート

E

**⑥ 髪の長さは**
K ショート・ミディアム
L ロング

F

**⑦ 目の形は**
M くりんと丸目
N すっきり切れ長

G I K

## ピュアな印象になる うぶふわ眉

トレンド感がありピュアな印象の眉毛です。可愛らしくナチュラルな目元を演出できます。

H M

## 優しい印象になる アーチ眉

優しく穏やかな表情に見えるアーチ眉。上品で柔らかな印象を引き立てます。

J L N

## 親しみやすい印象になる 平行眉

信頼感があり、親しみやすい印象の平行眉。カジュアルなファッションにも合わせやすい。

次ページへ Go!

低身長さんの平行眉は眉マスカラなどで色を軽く仕上げるのがポイント

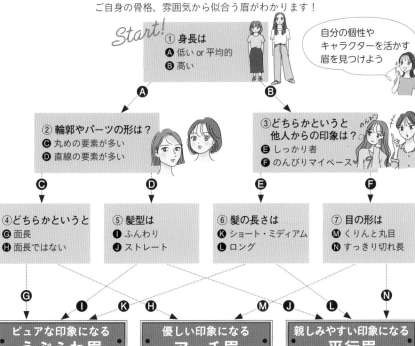

＼ 平行眉、アーチ眉、うぶふわ眉 ／

# なりたい印象別 眉毛の描き方

前ページの眉チャートで自分に似合う眉スタイルがわかったら、
描き方をマスターしましょう！

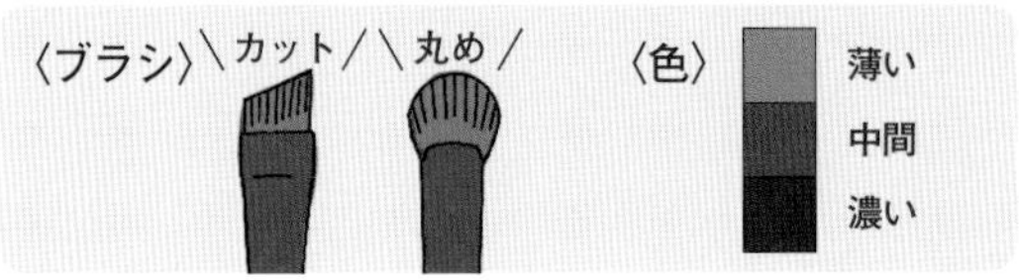


## 親しみやすい印象になる 平行眉

平行だからと言って必ずまっすぐ描くことはありません。少し角度がついても OK です。眉頭から眉山までは直線、眉山から眉尻までは曲線と考えて。

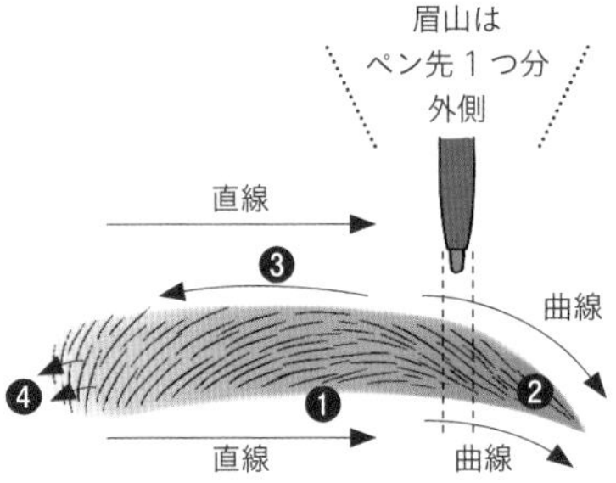

〈 NG 〉
すー

〈 OK 〉
少し角度

STEP 1

**眉の下のラインをまっすぐ描く**
床と平行ではなく、少し角度が上がるくらいで OK。

STEP 2

**眉山から眉尻を描く**
眉山は基準の位置より眉ペンシルの先端１つ分外側にします。

STEP 3

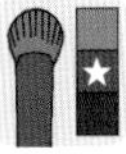

**眉中をふわふわと埋めて、眉頭に向かって色をぼかす**

STEP 4

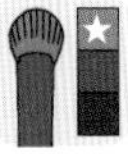

**さらに明るいカラーで眉頭をぼかす**

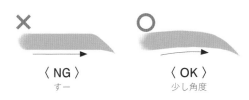

## 優しい印象になる アーチ眉

曲線的で丸みを帯びたアーチ眉。描くときのコツはブラシをまっすぐ動かすのではなく、丸く動かしながら塗ること。眉頭も丸くぼかすことを忘れずに。

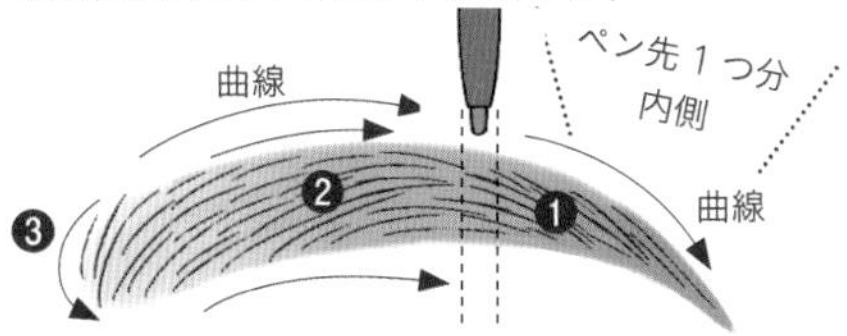

**STEP 1**

**眉山から眉尻をなだらかな曲線で描く**

**STEP 2**

**眉中を描く**
ブラシを丸く動かしながら曲線的に仕上げましょう。

**STEP 3**

**眉頭をぼかす**
ぼかすときはくるんくるんと眉頭側にブラシを動かすと自然にぼかすことができます。

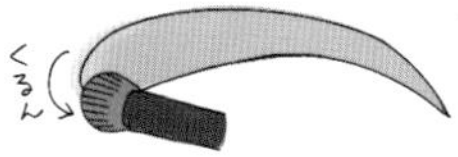


*Check!*

横顔を見たときに眉尻の上が丸く曲線になっているか確認しましょう！

## ピュアな印象になる うぶふわ眉

眉山は基本の位置より外側にし、少し高めになるようにすると、ピュアな印象の眉に。眉マスカラで毛の色を明るくし、軽さを出します。

**STEP 1**

**眉山から眉尻を描く**
眉山は基準の位置より眉ペンシルの先端1つ分外側にします。さらに眉山を少し高めの位置にします。

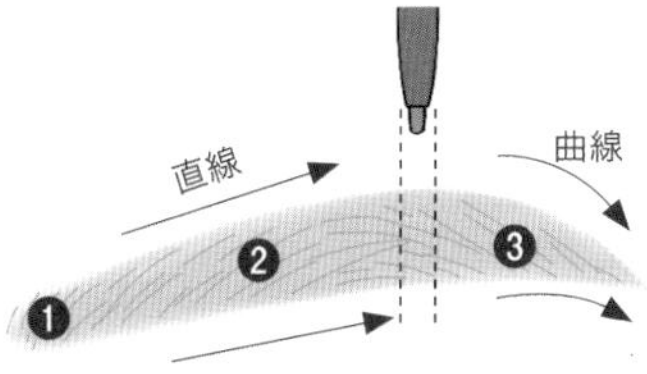

**STEP 2**

**眉中を描く**
眉山から眉頭に向かってふわふわと色を入れます。

**STEP 3**

**眉頭を描く**
眉頭に向かって徐々に細くなるように描きます。

**STEP 4**

**眉マスカラを塗る**
明るめの眉マスカラで軽やかな印象に仕上げます。

教えて！　さゆりさん

# アイブロウのお悩み・解決テク

さまざまな眉のお悩みがありますが、毛量がまばら、角度があって
きついイメージになるというお悩みをピックアップ！

## お悩み 1

〈 A子 〉
眉がまばらで、全体的にどんな眉にしたらいいかわかりません……

眉頭は生えているけど、あとはまばらの眉。色のある部分とない部分があり、左右の高低差があるのも悩み。

## 解決テク

### 太めのアイブロウブラシでふんわり平行眉を描く

位置の取り方や
長さは基本の
P.77 をチェック


**STEP 1**
太めのアイブロウブラシで明るめカラーとミディアムカラーを取り、眉下ラインを描く

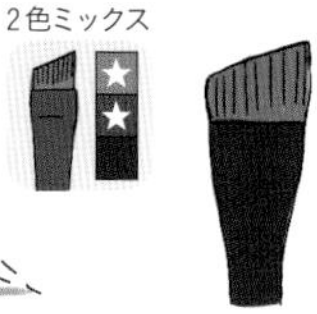

2色ミックス

まずはこの線を描く
イメージ
太いとラインが曖昧でも
描きやすい


**STEP 2**
眉全体に色をふわふわ塗る

2色ミックス

はみ出したら剃るか
埋める


**STEP 3**
毛が生えていない部分はアイブロウペンシルでちょんちょんと描き足す。

**STEP 4**
眉マスカラを塗る

## おすすめアイテム

極細でペンシルで眉尻などの細かい部分もきれいに仕上がる。

マイクロ ブロー ペンシル マホガニー／ボビイ ブラウン

透け感のあるリキッドペンシルで、毛を一本一本描くのに最適。

BULK HOMME　ザ　アイブロウ EY-300／バルクオム

5色入りでどんな髪色になっても使える万能パレット。

ルナソル スタイリングアイゾーンコンパクト 01／カネボウ化粧品

ふんわり柔らかい眉が描ける絶妙な3色パレット。

シピシピ ブロウパウダー 01／Rainmakers

## お悩み 2

〈B子〉

**角度があってしっかり眉です。どうしたらふんわり眉になりますか？**

角度がある眉で、眉山が少し内側にある。毛がしっかり生えているのできつい印象になってしまう。

## 解決テク

### 眉山の下のスペースを埋めて、明るめのパウダーで柔らかな印象に

**STEP 1**

眉山を「うぶふわ眉」の位置に取りそのまま眉山→眉尻まで描く

2色ミックス

曲線になるように

**STEP 2**

下図の眉の下ラインのスペースを埋めるように眉を描く。

2色ミックス

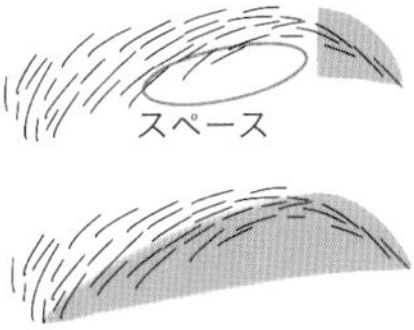
スペース

この作業で角度がなだらかに見えます

**STEP 3**

明るいカラーで全体をぼかす

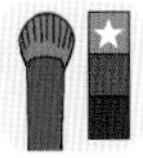

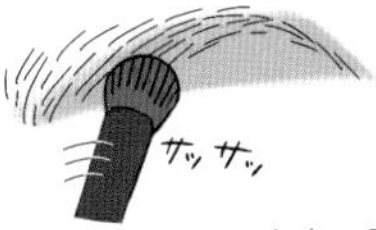
サッ サッ

このとき、眉山がまだ高すぎると感じる場合は剃っても良いです

**STEP 4**

眉マスカラを塗る

厚みのあるブラシで安定して眉毛を描ける。特に平行眉を描くのにおすすめ。

フーミー　アイブロウブラシ熊野筆／Nuzzle

コシのある毛質でどんな眉毛も自由自在。メイク現場のマストアイテム。

アイブローブラシ（アングル）／ウエダ美粧堂

自眉をふんわりと色づけてくれ、毛を柔らかな印象にしてくれる。

ロムアンド　ハンオールブロウカラ 02／韓国高麗人蔘社

極細ブラシで眉毛をカラーリングし、お湯落ちタイプでオフも簡単。

デジャヴュ　アイブロウカラー　ナチュラルブラウン／イミュ

Part 03

# ハイライト・シェーディングの入れ方とは

次の動画のテーマを決めないとなあ
アイブロウと同じくらいハイライト・シェーディングについてやってほしいというお声を視聴者さんからいただくから
いいかもしれない……
コメントをチェックしてみようかな……
はやりの塗り方を取り入れたけどなんか思ってる印象にならない
目立ってほしくないところが目立ってしまう
M
ツヤがテカリに見える
ゆ
小顔にしたいと思ってシェーディングを入れすぎて顔色が悪く見えてしまう
なるほど～
みなさんこんなお悩みが!!

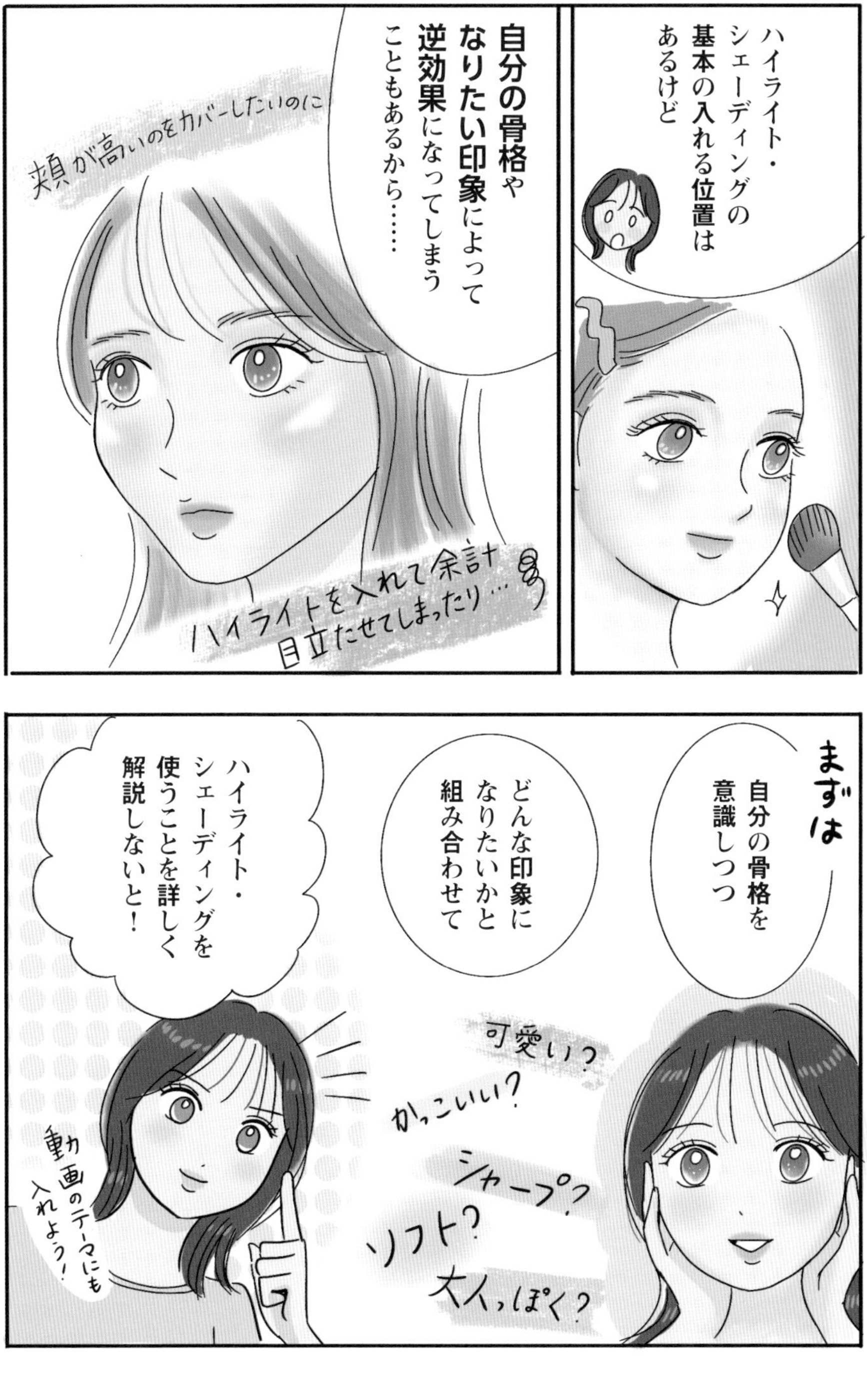
ハイライト・シェーディングの基本の入れる位置はあるけど
自分の骨格やなりたい印象によって逆効果になってしまうこともあるから……
頬が高いのをカバーしたいのに
ハイライトを入れて余計目立たせてしまったり…
まずは
自分の骨格を意識しつつ
どんな印象になりたいかと組み合わせて
ハイライト・シェーディングを使うことを詳しく解説しないと！
可愛い？
かっこいい？
シャープ？
ソフト？
大人っぽく？
動画のテーマにも入れよう！

Part 03

# 顔に立体感を作る
# ハイライト・シェーディング編

ハイライトはひと塗りするだけで肌が艶やかに見え、シェーディングは影を入れるだけで引き締まって見える魔法のような工程。地味だけど知れば知るほどどっぷりハマること間違いなしです。

## ハイライトで艶やかさを シェーディングで影を作る

ハイライトは肌を明るく艶やかに見せ、立体感や華やかさを演出できます。また、くぼんでいる部分にボリュームを与えるため若々しい印象作りもお手のもの。シェーディングは影を作ることができるため、両方を合わせてメイクすることで、理想の顔立ちに近づきます。

## ハイライトの質感選びに気をつけよう

ハイライトの質感は主にツヤとマットですが、ツヤが強すぎるものやマットすぎるものを選ぶとメイクが濃く見えるかもしれません。質感の与える効果の差については、下図や次ページの表で知っておきましょう。

### ハイライトは「ツヤ」と「マット」の質感の差を押さえることがポイント

鼻を高く見せたい、顔に立体感をプラスしたいときは「ツヤ」タイプがおすすめ。くぼみをふっくら見せたいなどボリュームを補いたいときは「マット」タイプを選んで。

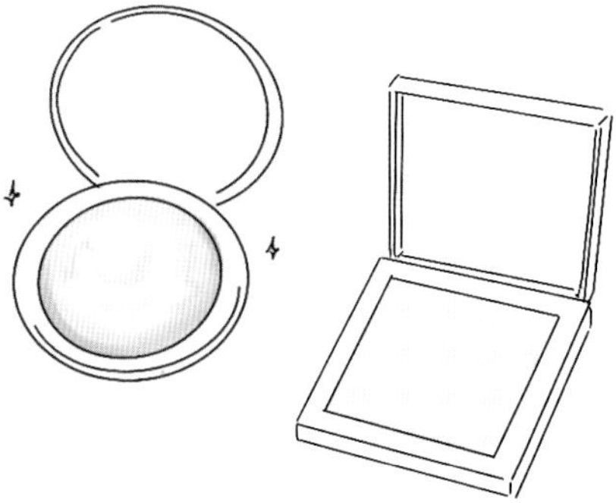

### ハイライトとシェーディングで立体感が作れるしくみ

ハイライトを入れることで光が集まり、シェーディングで影をプラスすることで奥行きが出て自然な立体感が生まれます。

Point!

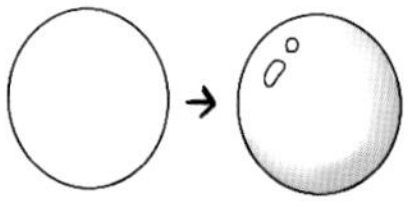

丸にツヤと影を足すと一気に立体感が出てきます。

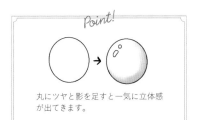

## ハイライトの基礎知識

| | ツヤ系ハイライト | マット系ハイライト |
|---|---|---|
| 種類 | 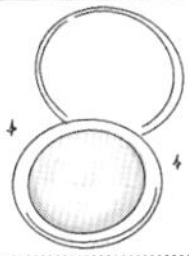 |  |
| 範囲 | 鼻、頬、あごなど自分のパーツを活かして立体感を作りたい部分 | まぶたやこめかみなどのくぼんで影に見える部分 |
| 特徴 | 顔全体が立体的に見え、きれいなツヤ肌に仕上がる | ツヤではなく色が持つ明るさで自然にふっくらと見せることができる |
| おすすめの人 | ・ツヤが好きな人<br>・華やかさがほしい人 | ・くぼみ・影感が気になる人<br>・肌質を変えずに立体感を出したい人 |

## ハイライトブラシの種類

好みの仕上がりに合わせて、ブラシを選びましょう。

### 小さめのアイシャドウブラシ

指塗りも同様に
しっかり発色！

小指サイズくらいの小さめのアイシャドウブラシでハイライトを塗ると密度が濃く、しっかりとハイライトが発色します。いつもよりツヤツヤにしたいときにおすすめ。

### ハイライトブラシ

大きめの
アイシャドウブラシ
でも代用可。
親指くらいの
サイズがあればOK

骨格にフィットしやすくメイク初心者にもおすすめです。大きめのアイシャドウブラシでも代用できます。

### チークブラシ

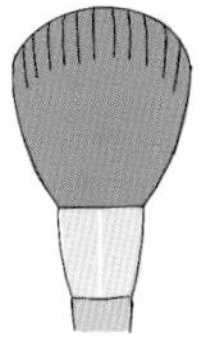

ハイライトブラシより大きめのチークブラシで大胆に頬の上などにハイライトを塗るとふんわり肌が明るく見えます。

発色：濃い ⟷ 発色：淡い

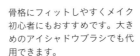

塗る範囲によって、テクニックが異なる

# ハイライト・シェーディングの塗り方

ハイライト、シェーディングを塗る上で大切なのは、欲張らずに適量塗るということです。色がわかりやすく見えるパーツではないので、思ったよりたっぷり塗ってしまっている人が多いかもしれません。適量がつく色の取り方から塗り方までしっかり解説します。

## 1 ハイライトの塗り方

ブラシを置くようにハイライトを取ります。頬や鼻筋などはスライドさせるように、あごなどは狭い範囲にはトントン置くように塗りましょう。

**STEP 1**

適量を取る

2回トントン軽くタップしながら、ハイライトを取ります。

**STEP 2**

手の甲に優しくトンと置く

**STEP 3**

頬や鼻筋などの広い範囲はスーッとスライドさせるように塗る

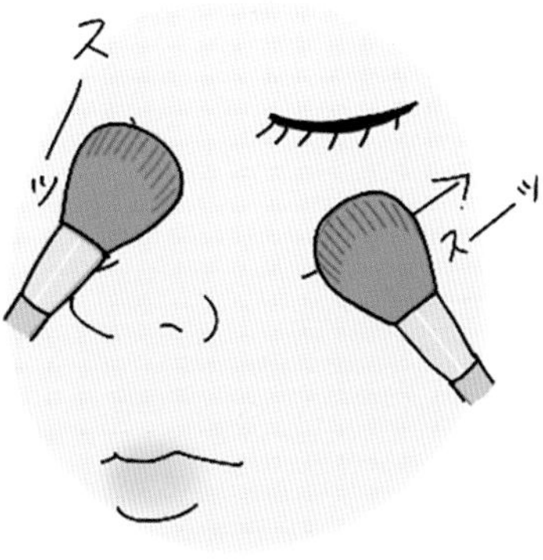


**STEP 4**

あごなどの狭い範囲はトントンと置くようにして塗る

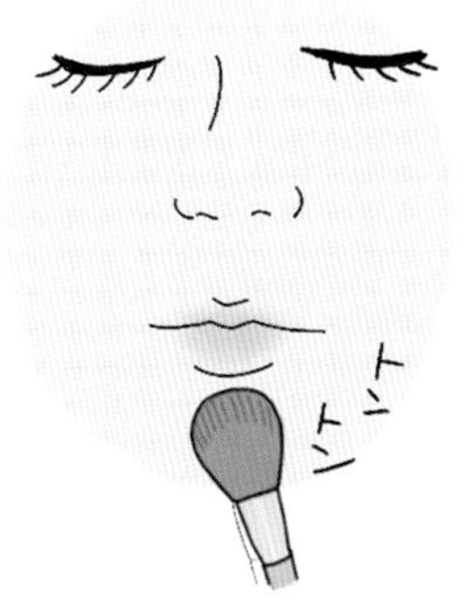

## 2 シェーディングの塗り方

顔を引き締め、鼻を高く見せます。輪郭などの広範囲に塗る際は大きめフェイスブラシを使ってふんわり塗ります。STEP4 のノーズシャドウはアイシャドウブラシを活用して滑らせるように塗りましょう。

### STEP 1

適量を取る

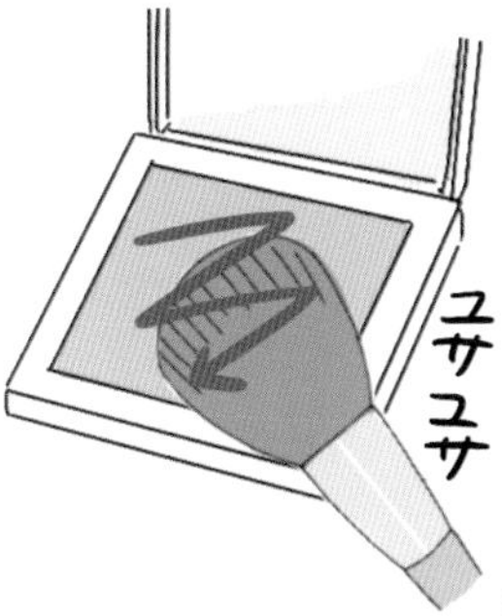


ユサユサと２回ブラシを振ってシェーディングパウダーを含ませます。

### STEP 2

手の甲に優しくトンと置く

### STEP 3

フェイスラインに塗る

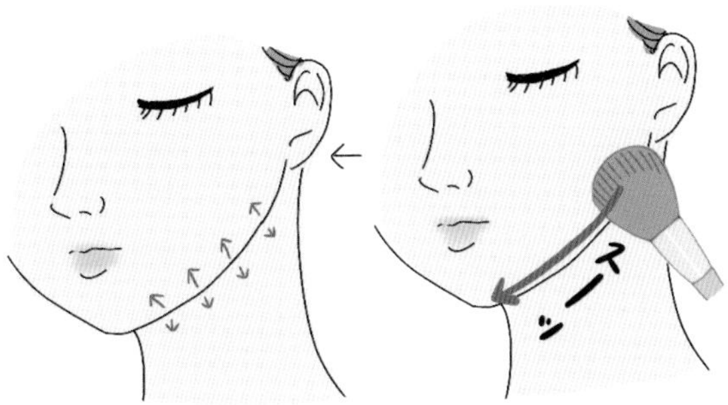


輪郭ラインをなぞるように塗り、さらに内側と外側に向かってぼかして色をなじませます。顔が引き締まり、立体感が生まれます。

### STEP 4

ノーズシャドウを塗る

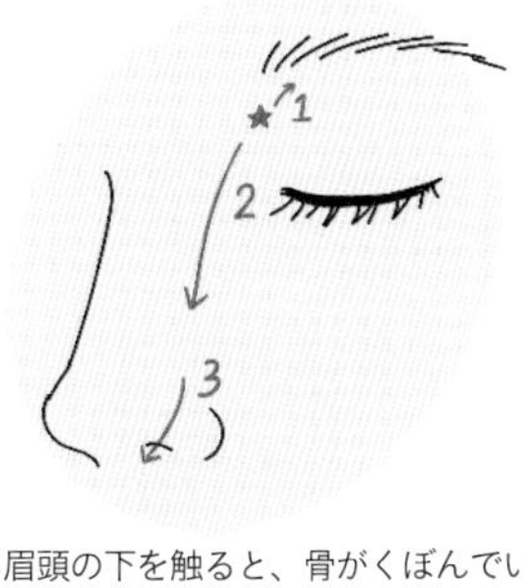


眉頭の下を触ると、骨がくぼんでいる★部分があるはず。そこから眉頭に向かってスッとひと塗り。同じ★から鼻筋をなぞるように塗り、最後に小鼻のふくらみにスパッと影を入れるように塗ります。

自分のパーツを活かしてコンプレックスをカバー

# 自分の骨格に合わせた、ハイライト・シェーディングの位置

下図は基本の塗る位置となります。しかし人によってカバーしたいコンプレックスや活かしたいパーツは異なります。そのため、パーツごとのお悩み解決テクニックを一覧にしました。なりたい印象に合わせて、まずは１箇所でも取り入れてみてください。

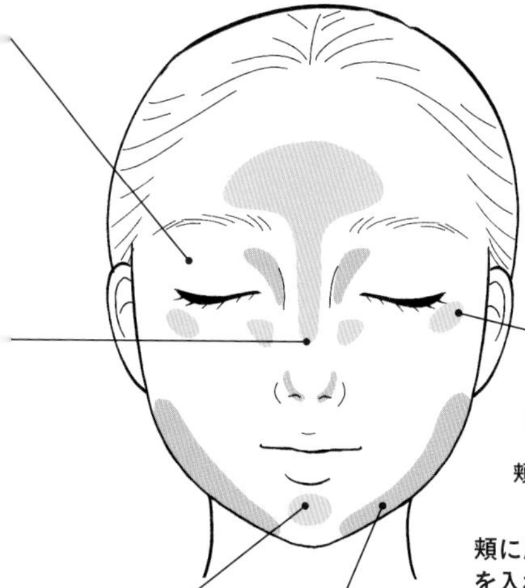

## 基本のハイライト・シェーディングの位置

ハイライトは、顔の中心や高さのある部分に入れて、立体感を出し、シェーディングはフェイスラインなどに塗り、陰影を出します。

### 頬

頬のボリューム感を「ツヤ系ハイライト」で解決

**頬がこけて疲れて見える**

⬇

**頬に広く広範囲にハイライトを入れる**

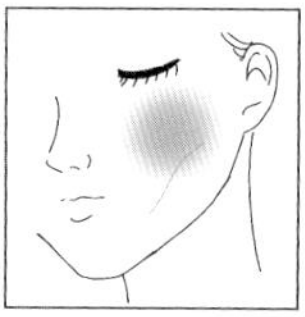

チークの上に重ねるように丸くツヤをプラスしてみて。

**頬の肉で丸顔に見える**

⬇

**頬に細く斜めにハイライトを入れる**

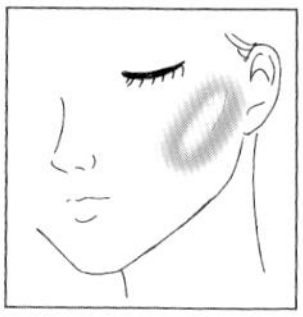

頬を流れ星が横断するようにスッと斜めに塗ってみて。

### 輪郭

顔の形や大きさを「シェーディング」で解決

**小顔に見せたい**

⬇

**フェイスライン全体にシェーディングを塗る**

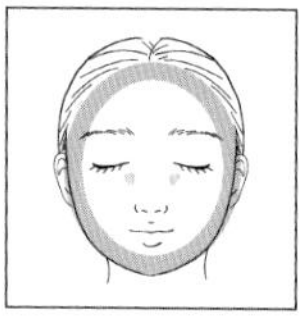

全体に塗ることでひと回り引き締まった小顔を演出。

**面長をカバーしたい**

⬇

**額とあごにシェーディングを塗る**

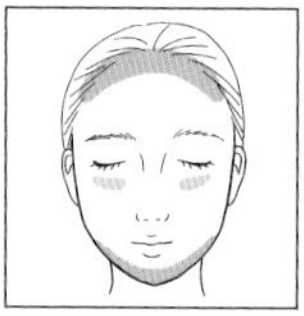

顔の上下に影を仕込むことで、中顔面が短縮され、バランスが取れる。

Point!

顔中心にハイライトを塗ると輪郭に視線がいかなくなるので、フェイスラインが目立ちにくくなります。目の錯覚のテクを使いましょう！

## 目元　目元の立体感を「マットハイライト」と「シェーディング」で演出

**目元がのぺっとして見える**

↓

**眉下から鼻筋につながるようにシェーディングを塗り、彫り深な印象に**

アイメイクを濃くするより自然に目の周りの立体感が出る。

**まぶたがくぼんで疲れて見える**

↓

**マットなハイライトをまぶたのくぼみに塗ってふっくら感を出す**

マットなハイライトを選ぶことで自然にボリューム感が出て元気な印象に。

## 鼻　好みに合わせて「ハイライト」と「シェーディング」で鼻を高くすっきり見せる

**団子鼻をカバーしたい**

↓

**鼻筋と小鼻の横にシェーディングを入れ、ハイライトは目と目の間のみ塗る**

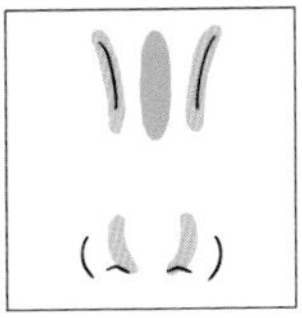

目立たせたくない鼻先にはハイライトを塗らないのがポイント。

**長さのある鼻を可愛く見せたい**

↓

**鼻筋のシェーディングは少し太めにし、ハイライトは目と目の間と鼻先に塗る**

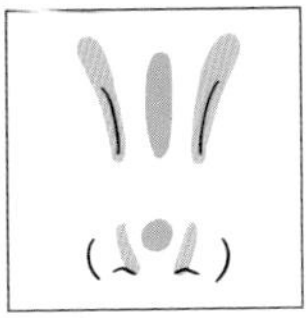

ハイライトを分割することで高さを出しつつ短い鼻に見える。

**低く短い鼻を立体的に見せたい**

↓

**鼻筋と小鼻の横にシェーディングを入れ、鼻筋全体にハイライトを入れる**

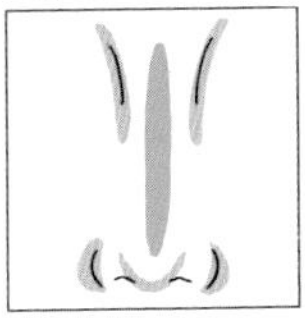

ハイライトを全体に塗ることで鼻が長く大人っぽく見える。

## あご　フェイスラインのもたつきを「ハイライト」で解決

**口横のシワや影が気になる**

↓

**あごの中央にハイライトを塗る**

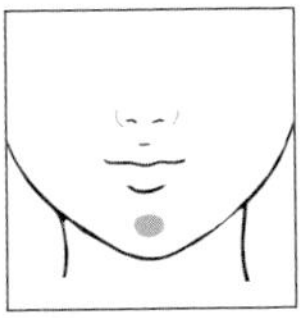

あごの真ん中が凹んでいると口横のお悩みが目立ちやすいのでハイライトで明るさを出して視線をそらす。

**あご周りが丸くてぽっちゃりして見える**

↓

**あご先にハイライトを塗る**

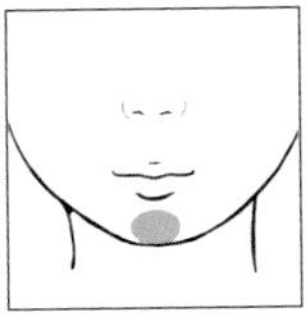

ツヤ系のハイライトを使えばメリハリが出て顔もすっきり見える。

教えて！　さゆりさん

# ハイライト・シェーディングのお悩み・解決テク

ハイライトを塗りたいけれど、テカテカに見えてしまう、浮いて見えるなどの
ありがちなお悩みにお答えします！

**お悩み 1**

〈 A子 〉
テカリや皮脂が気になって、ハイライトの塗り加減がわかりません。丸顔も気になっていてシェーディングですっきり見せたいけど塗る位置に迷っています……

顔立ちはふっくらフェイスで、各パーツも丸くて可愛い印象。毛穴やテカリが気になっている。

**解決テク**

## 微細パールのハイライトを部分的に塗り　シェーディングは顔のサイドのみ

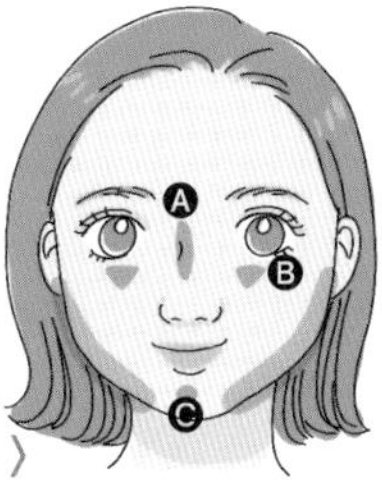


〈 ハイライト 〉

❶ テカリに見えず上品なツヤ肌を演出できるような微細パール系のハイライトを選ぶ。

❷ Ⓐ：鼻筋にスッとひと塗りすることで、テカリに見えず立体感が出る。
Ⓑ：目頭の下は毛穴が少なくオイリーに見えにくいので、ツヤ系ハイライトを塗るのにおすすめ。
Ⓒ：あご先に塗り、明るさを出すとメリハリが出てフェイスラインがすっきり見えます。

〈 シェーディング 〉

耳横からあごに向かって塗り、丸顔をすっきり見せましょう。あご先に塗ってしまうと丸顔を目立たせてしまうので、避けるのがポイントです。

Point!
**ノーズシャドウはなし！**
目と眉の間が近く、顔のふっくら感が気になるA子さんは、塗ると目だけが彫り深になり丸顔が強調されてしまう。

## おすすめアイテム

キラキラと上品に輝くリッチなハイライト。パーティーなど特別なシーンにおすすめ。

クレ・ド・ポー ボーテ　ル・レオスールデクラ 17／クレ・ド・ポー ボーテ

自然なツヤと立体感が演出できるクリームタイプ。ヘルシーな印象作りにピッタリ。

THREE　シマリング グローデュオ 01 ／ THREE

ひと塗りで肌に明るさが出るマットタイプのハイライト。

muice　スポットメンテパウダー 01 ／ Rainmakers

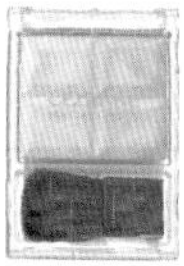

4つのカラーをブレンドすることで自然なつや肌も演出。微細パールで肌なじみ抜群。

セザンヌ　ミックスカラーチーク N 10／セザンヌ化粧品

## お悩み 2

〈 B子 〉
顔のたるみによってハイライトが浮いて見えるしシェーディングを塗ると顔が暗く見えます。
たるみが目立たない、明るさのあるメイクがしたい！

肌のハリがなくもたつき感がある。たるみがあり、顔が縦長に見えるのが悩み。各パーツはきれい系。

## 解決テク

### 顔の上部にハイライトを塗り明るく引き上がった表情に

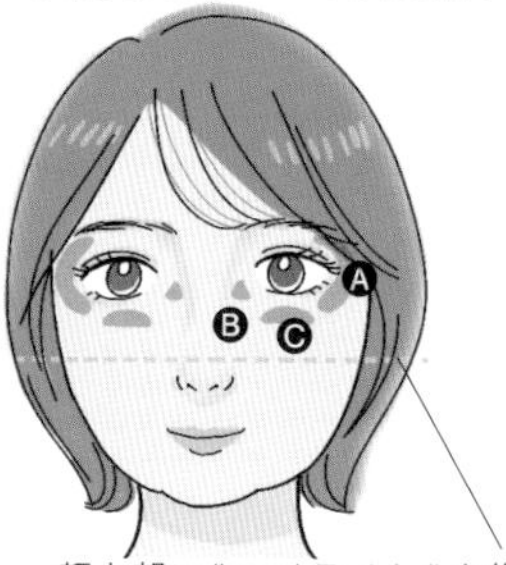
A
B
C

顔上部に“ハイライト”を集めて視線を集中させることで、下半分のたるみやもたつきが目立たなくなる

〈 ハイライトテク 〉

❶ ピンクの微細パール系のハイライトを使い、明るく華やかに仕上げます。

❷ Ⓐ：眉尻の下から頬にかけてCの字を描くようにハイライトを塗ると華やかな印象になります。
Ⓑ：目頭と鼻筋の間にちょこんとハイライトを置くと、目の周りが明るく見えます。
Ⓒ：にっこり笑って頬のもりっと盛り上がる部分に塗ることで頬が引き上がって見えます。

〈 シェーディング 〉

暗く見えると感じる人は使わなくても良いでしょう。もし使いたい場合は赤みや黄色みが強くない、ベージュに近いカラーを選んでみて。

私もメイク現場でシェーディングを使わないことが多々あります。ハイライトを上手に使えば印象は十分変わりますよ！

ひと塗りでどんなハイライトも美しく仕上がる極上ブラシ。

NARS ブレンディングブラシ ＃22／NARS JAPAN

本来はチークブラシですが、広範囲にハイライトを塗るのに最適。

ハイライトチークブラシ（丸）／ウエダ美粧堂

3色のカラーをブレンドして塗ることで自然な影色を演出。

ヴィセ シェード トリック BR300／コーセー

きめ細やかなパウダーが肌に自然に溶け込み立体感を作る。

エチュード コントゥアパウダー クリエイター／エチュード

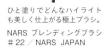

Part 03

# チークの役割とは

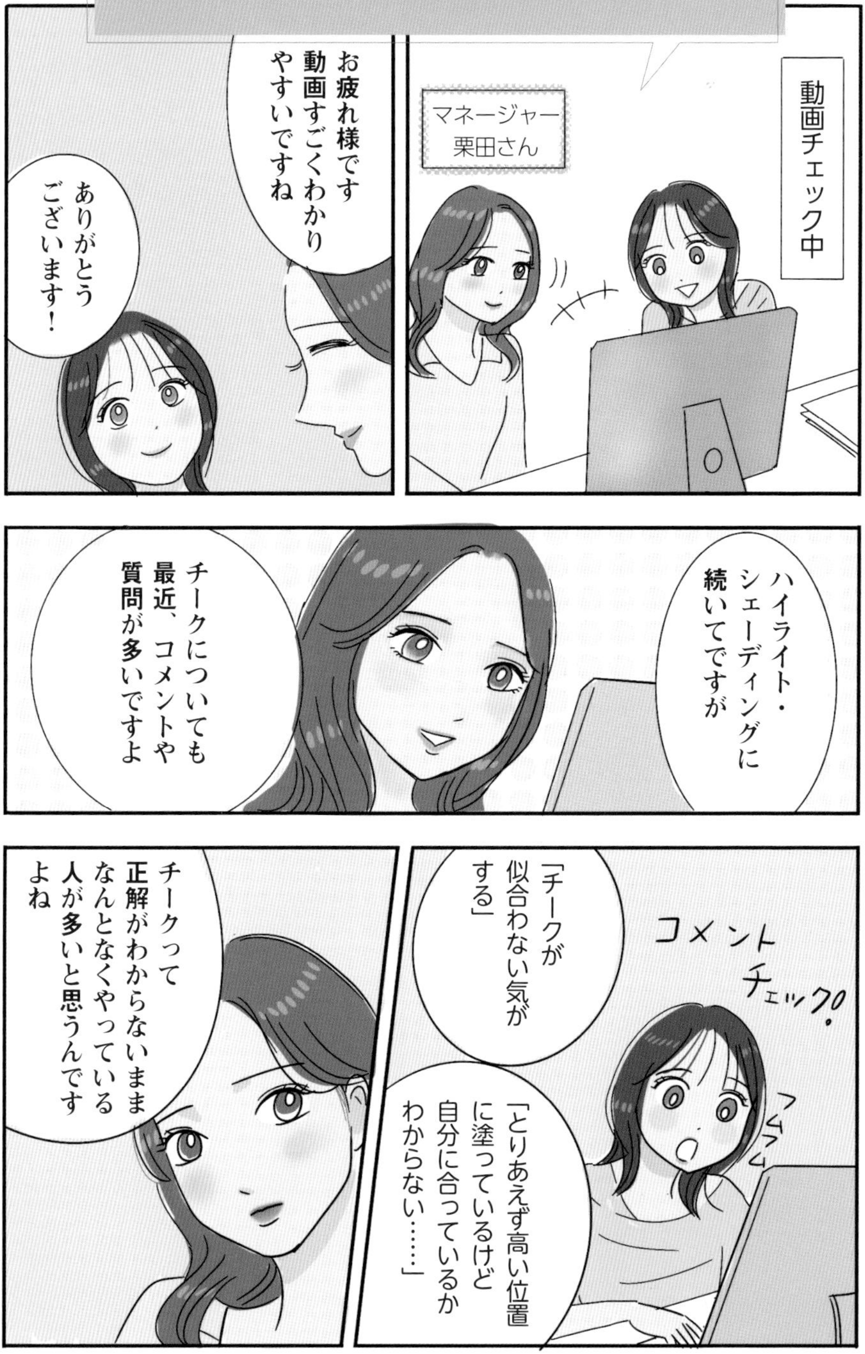
動画チェック中
マネージャー 栗田さん
お疲れ様です 動画すごくわかりやすいですね
ありがとうございます！
ハイライト・シェーディングに続いてですが
チークについても最近、コメントや質問が多いですよ
「チークが似合わない気がする」
コメントチェック!
フムフム
「とりあえず高い位置に塗っているけど自分に合っているかわからない……」
チークって正解がわからないままなんとなくやっている人が多いと思うんですよね

チークってベースメイクの次に**広い範囲のメイク**なので
ほら♡
チークで印象を変えられる
**実は顔の印象をものすごく変える**ことができるんですよ
確かに言われてみれば…!
例えば面長さんを卵型の輪郭に近づけることもできるし
卵型風に
キリッと☆
キュートな顔をかっこよく変身させることもできます
チークで顔の型も違って見える!?
ただ**血色を良く**するだけじゃないんですね！それ知りたいです！
OK！
次のページへGO！

Part 03

# バランスを整え、表情に変化を出す チーク編

ひと塗りするだけで、血色感が宿り、多幸感のある表情が演出できるチーク。塗り方ひとつで色っぽさやかっこよさなどさまざまな印象を作ることができます。細かいテクニックは不要！　手軽に印象チェンジが楽しめます。

### 血色感を与え、顔のバランスを整えることができる

チークの役割は大きく分けて2つあり、1つ目は頬に血色感を与えることにより、顔色を良くして明るい表情を作ること。2つ目は、顔の形やバランスを整えること。例えば、顔に長さがあり大人っぽく見える人を可愛らしい印象に変えることもできます。

### どこに塗るかが重要なポイントになる

チークをただ頬に塗れば良いという考えは、とてももったいないんです。なぜなら、頬の上か下か、どのような形で塗るかで印象が大きく変わるからです。塗り方を構成するのは「角度」「形」「範囲」の3つ。手軽になりたい印象に仕上がります。

## チークの基礎知識

| 種類 | パウダーチーク | クリームチーク | スティックチーク | リキッドチーク |
|---|---|---|---|---|
| | 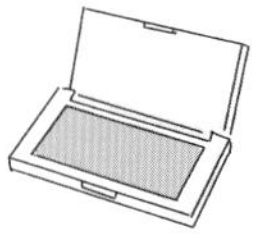 | 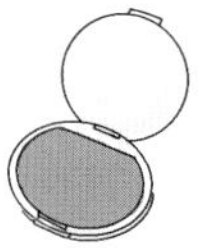 | 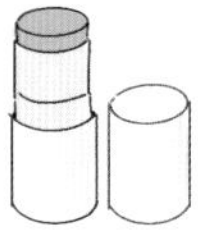 | 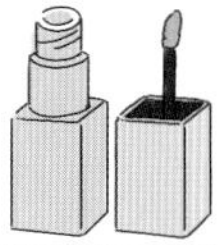 |
| タイプ | パウダー（粉） | クリーム | | リキッド（液） |
| 特徴 | 粉を固めた一番ポピュラーなチーク。ムラになりにくく自然に仕上がりやすい。質感はさまざま | クリーム状のしっとりとした滑らかなチーク | クリームより固さがあり、薄付きでさらっとしている | とろりとした液状のチークで水分感があり、みずみずしい仕上がり |
| 仕上がり | ふんわり | しっとり | サラサラ | みずみずしい |
| おすすめの人 | ・ナチュラルな印象が好きな人 | ・乾燥肌の人<br>・ツヤ仕上がりが好みの人 | ・密着力重視の人<br>・薄くまといたい人 | ・華やかさがほしいとき<br>・じゅわっとにじむような血色感が好みの人 |

# チークの構成

基本の塗り方や位置を押さえる前に、チークがどのような要素で構成されているかを知りましょう。チークは「角度」「形」「範囲」の３つで作られています。
それぞれどのように印象に影響するのか下記で解説していきますね。

## 角度　立体感を作る

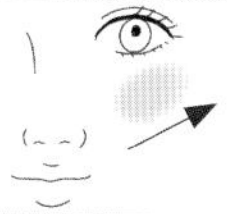

角度あり
➡立体感が出て引き締まった印象

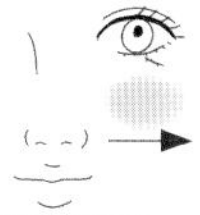

角度なし
➡上品で落ち着いた印象

## 形　テイストを決める

丸
➡可愛いらしくふっくら見える

楕円形
➡大人っぽくすっきり見える

## 範囲　仕上がりの自然さを決める

広め
➡ナチュラルに肌に溶け込むような仕上がり

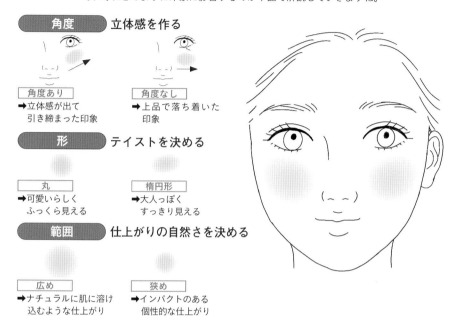

狭め
➡インパクトのある個性的な仕上がり

# チークの基本の位置

小鼻横から耳の穴をつないだ延長線を基準に楕円形を描くように塗りましょう。
狭く塗るより広めに大胆に塗るほうが自然に仕上がります。
あまり下すぎる位置は、老け込んで見えることがあるので注意しましょう。

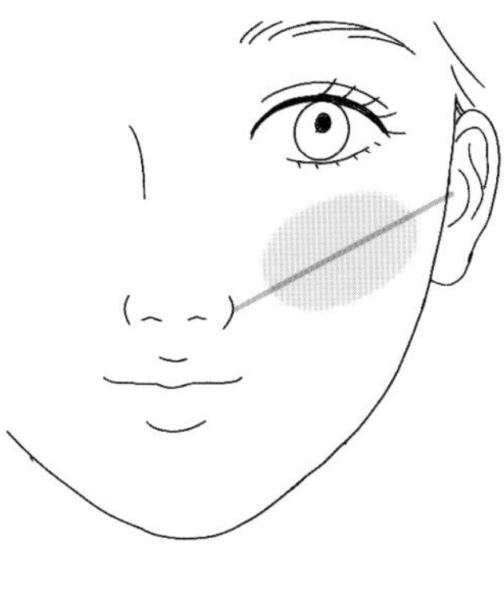

小鼻横は、
指１本分開けると自然です

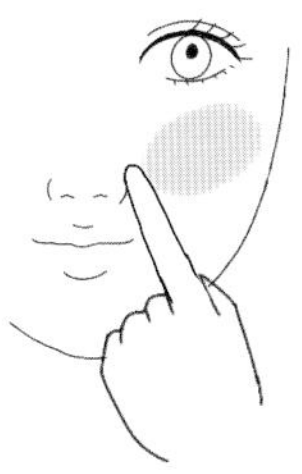

ブラシを滑らすように塗る

# チークの塗り方

## STEP 1

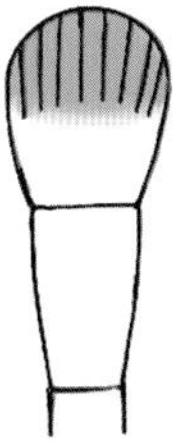

ブラシの先端にまんべんなく粉を含ませていくようにユサユサと2回、横に振りながらパウダーを取ります。

適量を取る

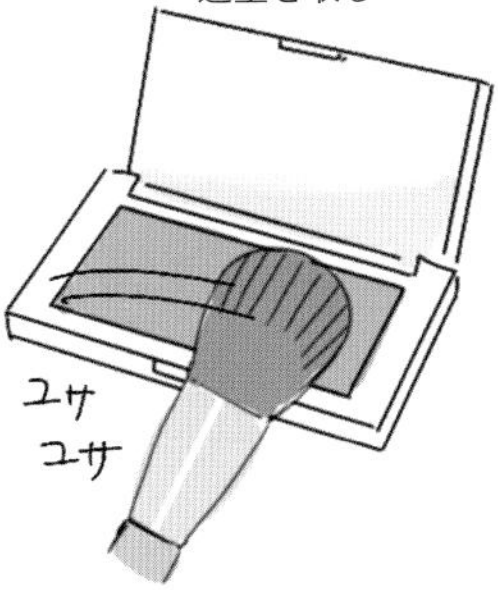


### 塗り方

チークの種類の中で一番ベーシックなパウダータイプで解説します。チークは塗る範囲が広いパーツなので色が固まって濃くつきすぎると目立ってしまいます。まんべんなく取ったら手の甲で調整しましょう。

## STEP 2

手の甲に置く

手の甲で2回トンとおいてなじませます。

## STEP 3

ブラシを滑らせるように塗る

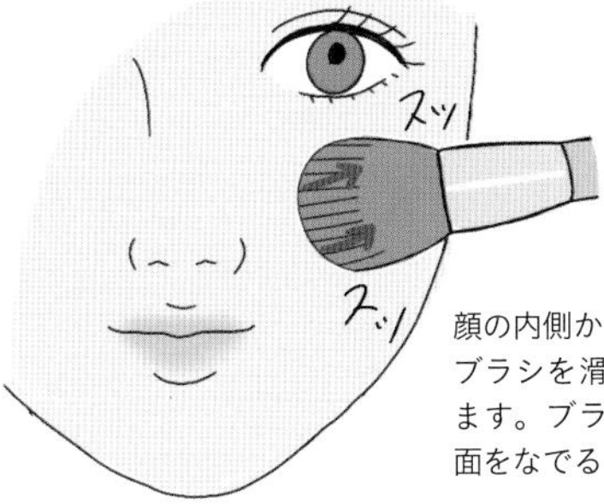


顔の内側から外側に向けて、ブラシを滑らすように塗ります。ブラシで優しく肌表面をなでるような力加減で。

Point!

ブラシ塗りで濃く不自然に仕上がってしまう場合は、滑らせずにトントンと置くように塗ってみて。

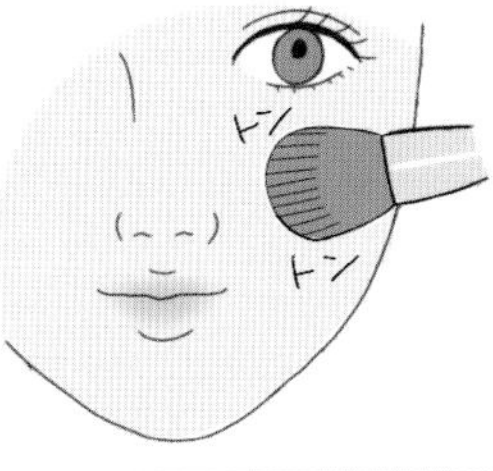


## クリーム・リキッドチークの塗り方

指先の使い方がポイントです

○

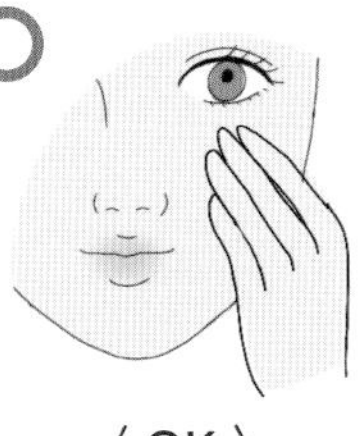

〈 OK 〉

指全体で頬を包み込むように塗るときれいになじむ

×

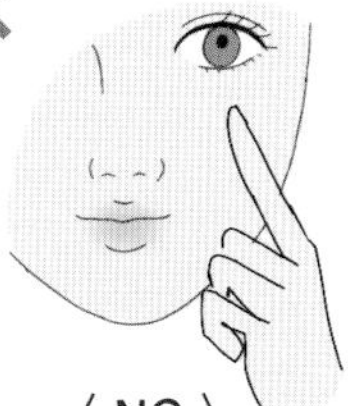

〈 NG 〉

1本指でゴシゴシ塗るとムラの原因に

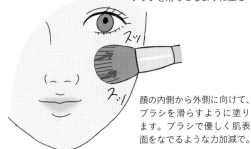

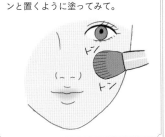

## ツールの違い

チークの種類や仕上がりの好みによって、ツールが選べるようになると一歩上級者に。
付属でついてくる小さなブラシは色が固まりやすく難しいので、
下記のようなチークブラシがおすすめです。

### 指

クリームやリキッド状のチークは指で塗ります。指全体で頬を包み込むようにトントンと色をなじませるのがポイントです。

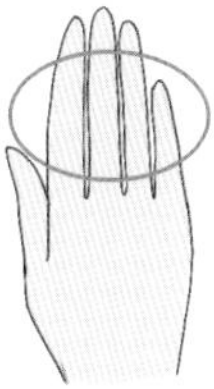

### フェイスブラシ

フェイスパウダーを塗布するためのブラシですが、チークブラシとして使用することで広範囲にじんわりと塗ることができます。

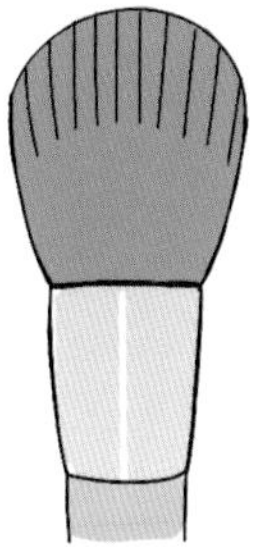

### チークブラシ

パウダーチークを自然な仕上がりにするのに最適なブラシです。迷ったらこれを選びましょう。

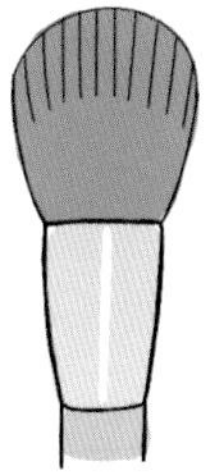

クリーム
スティック
リキッド

パウダー

## チークの色の選び方

なりたい印象に合わせてチークの色選びをしましょう。
また服のコーディネートに合わせると統一感が出て、ぐっとあか抜けます。

### 可愛い

**ピンク系**

どんなシーンでも間違いなく好印象を与えてくれる。甘めのコーディネートとの相性も良い。

### 上品 きれいめ

**ローズ系**

エレガントできれいめのコーディネートにおすすめ。オフィスメイクにもぴったりです。

### ヘルシー

**オレンジ系**

休日メイクなどカジュアルなコーディネートにも合わせやすく健康的な印象を与えてくれる。

### シック

**ベージュ系**

チークが苦手な人におすすめ。さりげなく陰影がつけられるので、おしゃれコーディネートにもなじみやすい。

シーンや
ファッションに
合わせて
選びましょう

## 雰囲気に合わせて塗る位置、塗り方を変える

# なりたい雰囲気別のチークの塗り方

あなたのファッションや雰囲気に合わせて、おすすめのチークの塗り方を提案します。これを知ればメイクが濃いわけではないのに“おしゃれで目を引くあの人”になれちゃいますよ！

## フェミニン系
## ふんわり可愛い雰囲気

（ファッション）きれいめワンピース、マーメイドスカートなどのきれいめコーディネート

### 目の下からじゅわっと広がるふんわりチークで
### 大人の甘め印象に♡　中顔面短縮効果あり

指1本分スペースを空ける

色はピンク、質感はマットで、ふんわり仕上げます。
ジグザクとブラシを動かして塗るのがポイント。

**〈色〉** ピンク系、コーラルピンク系
**〈質感〉** マット系
**〈塗り方〉**

STEP1　チークをブラシに取り、手の甲にトンと置いて、量を調整する。少量ずつ塗っていきましょう。
STEP2　目の下から三角を作るようにジグザグにブラシを動かす。
STEP3　周りをぼかして完成。

面長さんにも
おすすめです！

## カジュアル系
## 明るく元気な雰囲気

（ファッション）デニムやスニーカーなどのカジュアルでシンプルなコーディネート

### 耳横から引き締めるように斜めに塗る
### 丸顔をすっきり見せる効果あり

角度をつけたシャープな塗り方をすることで、フレッシュでメリハリのある印象になる。

**〈色〉** ベージュ系
**〈質感〉** ツヤ系
**〈塗り方〉**

STEP1　チークをブラシに取る。
STEP2　耳の横から鼻先の方向に向かっていくように斜めに塗る。徐々に力を抜いてグラデーションになるように。

丸顔さんに
おすすめです！

## きれいめコンサバ系 上品で清潔感のある雰囲気

（ファッション）ブラウスやジャケットなど、大人の清潔感のあるコーディネート

### 黒目の下から斜め上に向かって引き上げるように塗る。リフトアップ効果あり

指1本分スペース
を空ける

ローズ系カラーでチークを少し斜めに引き上げるように塗ることで、上品な雰囲気になる。

**〈色〉**ローズ系、ベージュ系
**〈質感〉**ツヤ系
**〈塗り方〉**

STEP1　チークをブラシに取る。
STEP2　基本のチークの位置に塗っていく。
STEP3　顔の中心から斜め上に引き上げるように塗るのがポイント。

リフトアップ
したい人に
おすすめです！

## 憧れアイドル系 キュートでおしゃれな印象

（ファッション）トレンドファッション、甘辛ミックスコーディネート

### 黒目の下にじゅわっと広がるように！くまをカバーする効果あり

目の下にチークを広げることで、目元に視線が集まり愛され感のあるアイドル風な表情に。

**〈色〉**パステル系
**〈質感〉**マット系
**〈塗り方〉**

STEP1　チークをブラシに取り、手の甲にトンと置いて、量を調整します。少量ずつ塗っていきましょう。
STEP2　目の下にブラシを滑らせる。
STEP3　頬に向かってチークを広げるようにぼかす。

チークがポイントに
なるメイクをしたい
日におすすめです！

教えて！　さゆりさん

# チークのお悩み・解決テク

チークを塗ると野暮ったくなってしまう、面長感や骨感が目立つのが気になるというお悩みに色、質感選び、塗り方を解説します！

**お悩み 1**

〈A子〉
チークを塗ると野暮ったくなりあか抜けない感じがするからあまり塗っていません……

幼い、あどけない印象で各パーツは控えめで丸顔が悩み。チークはSNSでも万人受けカラーとおすすめされていたふんわりマットなコーラルピンクを使っている。

**解決テク**

## チークの質感を変えて立体感を意識する

### ❶ふんわりマットチークからツヤ系チークにチェンジ

ツヤに変えることでより肌なじみがよく、自然な印象になります。マット系は可愛いらしさやフェミニンさを活かしたいときにおすすめですが、丸顔や幼い印象の人だと、子どもっぽく感じてしまうかも。

### ❷塗り方をカジュアル塗りにチェンジ

P.100のカジュアル系のように耳の横から鼻先の方向に向かっていくように斜めに塗って立体感を出します。

### ❸眉毛の上に同じチークカラーを重ねる

アイシャドウかアイブロウブラシで同じチークカラーを眉に重ねることで、洗練された印象に。

顔全体に
統一感も出ます

サッ
サッ
眉毛も塗る

## おすすめアイテム

どんなシーンでも好印象を狙いたいならこのチーク。ふんわりマットな質感。

セザンヌ　チークブラッシュ01／セザンヌ化粧品

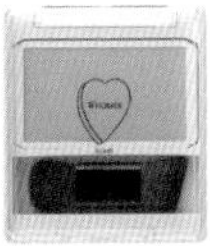

絶妙カラーが揃っているのでおしゃれさんにもおすすめ。

フーミー シングルブラッシュ シカモアブラウン／Nuzzle

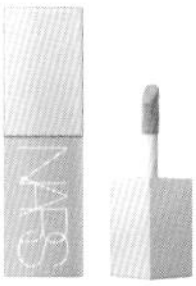

みずみずしく色っぽい頬を演出してくれるリキッドチーク。

NARS アフターグロー　リキッドブラッシュ 02799／NARS JAPAN

ピュアな血色感が作れるスティックタイプのチーク。

【to/one】ルミナイザー バー 04／to/one

## 解決テク

### 色を変えて目の下からふんわり塗る

薄い色を広範囲に塗る
＝自然な印象になる

**❶濃いローズカラーから淡めのローズカラーにチェンジ**

頬骨が立体的な人は骨の上に色が濃く固まりやすいため淡めのチークカラーにチェンジします。

**❷塗り方をフェミニン塗りにチェンジ**

大きめのブラシを使い、目の下からじんわり広がるように塗りましょう。頬骨を一番強調しない塗り方なので、詳しくはP.100フェミニン系を参考にしてくださいね。力を入れすぎず肌にブラシが当たっているかギリギリの力加減もポイント。

**❸口周りにも少し塗る**

ブラシに余った少量のチークをサッサっと口の周りに塗ると、口元のくすみが解消し、顔色を明るく見せることができます。

ごく少量塗るのがポイントです！

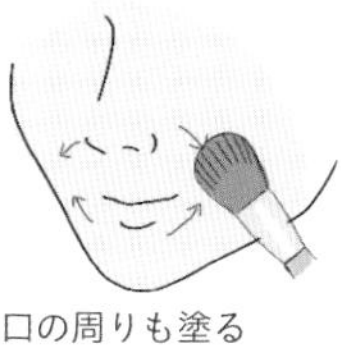

口の周りも塗る

## お悩み 2

〈 B子 〉
チークを塗ると面長感や顔のゴツっと感が気になります。顔のくすみにも悩んでいます

濃い色が固まってのっているからメイクも濃く見える

頬骨が目立ち、顔の影感が気になっている。顔色のくすみが気になるので、しっかり透明感を出せそうな濃いめのローズカラーを使っている。

誰でもチークを上手に仕上げることができるブラシ。メイク初心者にもおすすめ。

チークブラシ（丸平）／ウエダ美粧室

透明感を引き出し、磨き上げたような上質なツヤ感が演出できる。

SNIDEL スキン グロウ ブラッシュ 03／SNIDEL BEAUTY

驚くほど肌に溶け込む上質なパウダーチーク。カラーや質感の種類も多くて楽しい。

ローラ メルシエ ブラッシュ カラー インフュージョン 06／ローラ メルシエ ジャパン

COLUMN 2

さゆり＆ライター・ももたが送る美容コソコソ話

# 帰宅してからの過ごし方 さゆりのナイトルーティン

メイクアップアーティスト、動画配信、子育てに奮闘する毎日。
平日の夜はどんな風に過ごす？　食事や就寝前のこだわりを答えます。

ちなみに百田さんはナイトルーティンってどうしていますか？

わっ私ですか？　帰りの時間は仕事量によってまちまちで食事も作ったり作らなかったりで……。
私が唯一外せないことがあって、髪の毛がなかなか乾かないので、すぐにドライヤーせず、吸水タオルで 10 分ほど巻いているときにスキンケアしたり、ぼーっとしたりするのがリラックスタイムですね。さゆりさんはどうですか？

髪が長いのは大変ですよね。
私のナイトルーティンはこんな感じです。

| | |
|---|---|
| **夕方** | 娘を保育園へお迎えへ行き、そのままスーパーで買い物 |
| **17:00** | 夕食の準備 |
| **19:00** | 夕食 |
| **20:00** | お風呂 |
| **20:30** | スキンケア、子どもを寝かしつける |
| **21:20** | 後片付け、明日の準備 |
| **23:00** | 就寝 |

夕方からはできるだけ仕事をせず、生活にメリハリを出すように心がけています。ルーティンのポイントで言うとまず大切にしているのは自炊です。
もともと自炊は好きなのですが、ヘルシーにするというより、季節の食材や食べたいなと思うものをバランスよく作って食べることが好き。
心と体がとっても満たされて、体調が整う気がします。

あと、すごく大切にしていることがあって、
就寝前にその日にあった良い出来事だけを思い出すんです。
「こんなことがあったな！　自分はこれをこなすことができた！　えらいゾ～」と自分をヨシヨシすると、明日がくるのが楽しみになるんですよ。

良いことだけを思い出すって明日への活力になりますね！

Part 04

アイメイク、リップメイク

トータルバランスできれいになる！

# パーツメイクの基本

メイクのときめきがギュッと詰め込まれているアイメイクとリップメイク。
華やかさと愛らしさ、ときにはかっこよさも演出できます。
ここで大切にしたいのがトータルバランス。
メイク全体や全身のコーディネートに合わせることで一気にあか抜けた印象に。
では具体的にどうすれば良いのか？　次のページへGO！

シーンやファッションに合わせて楽しむ

# パーツメイクとは……

本書ではパーツメイクを「アイメイク」「リップメイク」とします。
可愛いコスメも多いパーツなので、つい「色」ばかりでコスメを選び、
メイクしている人も多いのではないでしょうか？
アイメイクであれば目幅を変えるテクニックが加えられると
印象をより自由自在にチェンジすることができます。
リップメイクには質感の考えをプラスすると
シーンやコーディネートにも合わせやすく洗練された印象になります。
その日の予定に合わせてパーツメイクができると、派手ではないのに
遠くからでも目を引く素敵な人になれるんです。一緒にマスターしていきましょう。

### 洗練された印象を作る
## リップメイク

リップメイクはひと塗りで印象を変えることができますし違和感があればすぐにオフすることもできます。なので、どんどんいろいろなカラーや質感にトライしてほしいです。コーディネートやシーンに合わせると一気に洗練された印象を作ることができます。

### 自信を作る
## アイメイク

アイメイクはアイシャドウ、アイライン、まつ毛メイクの手順を踏むことでより自然に大きな印象の変化を生むことできます。人は目を見て話して表情を読み取ろうとするため、とても大切なパーツです。そして美しい目元は自信につながります。

### 目幅を自然に広げる
## アイシャドウ

アイシャドウはグラデーションを作ることができるので、より自然に目を大きく見せたり目幅を調整したりすることができます。ラメや下まぶたメイクをマスターできるとさらに上級者に。

### 目元を引き締める
## アイライン

アイラインはアイシャドウで作った目幅を強調してくれるので、あわせて取り入れると良いです。注意したいのが、アイラインで囲めば目が大きくなるという考え。大きくなるのではなく、アイシャドウまでの過程で作った目幅を“強調”するのです。

### 華やかさを与える
## ビューラー・マスカラ

アイメイクの中で唯一、前への立体を作ることができます。そのため顔立ちがぐっと華やかになり、目がぱっちりと魅力的に見えます。なので、私はまつ毛メイクが大好きです！

Part 04

# アイシャドウの役割とは

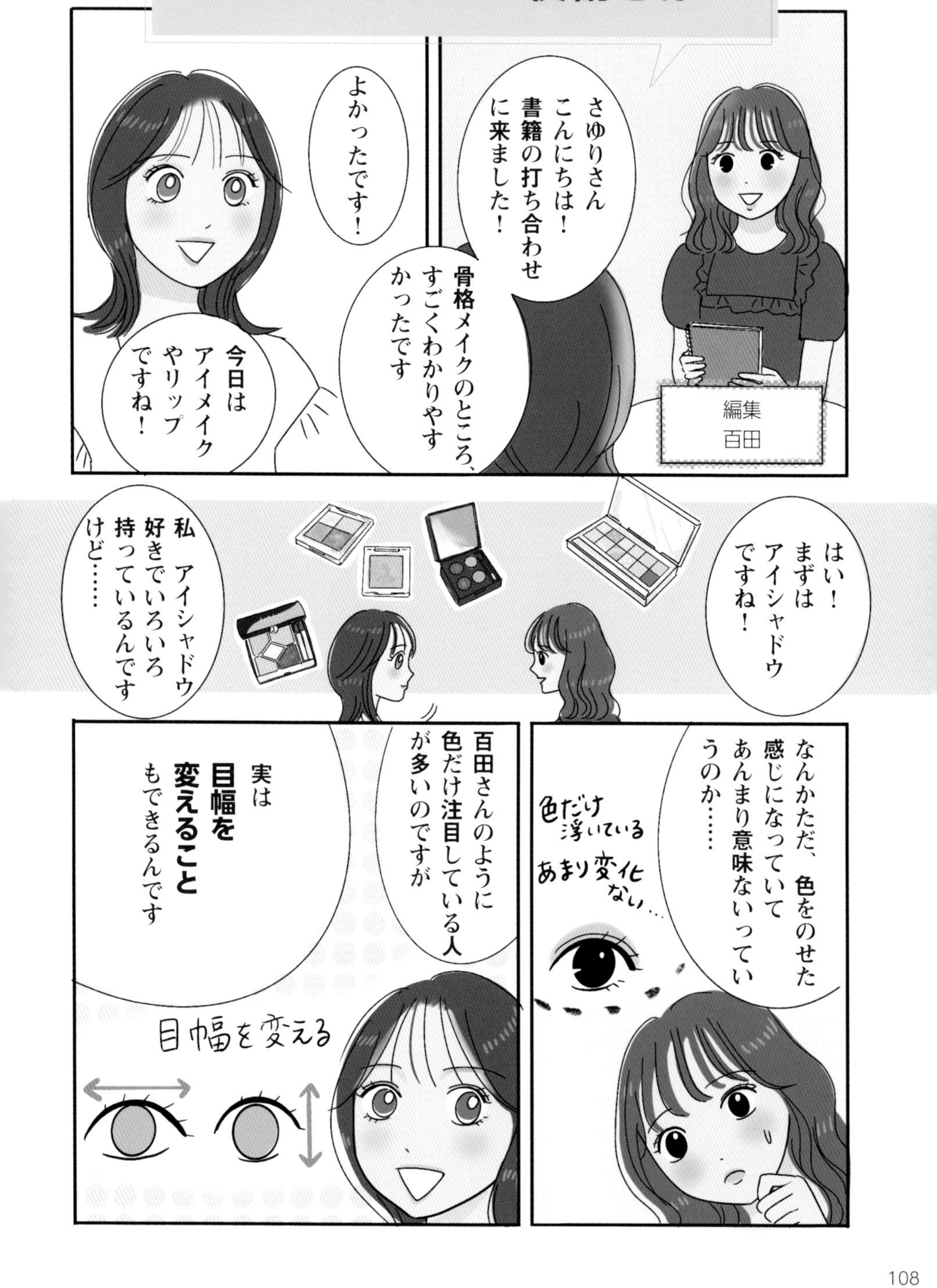

さゆりさん こんにちは！ 書籍の打ち合わせに来ました！
編集 百田
骨格メイクのところ、すごくわかりやすかったです
よかったです！
今日はアイメイクやリップですね！
はい！ まずはアイシャドウですね！
私 アイシャドウ好きでいろいろ持っているんですけど……
なんかただ、色をのせた感じになっていてあんまり意味ないっていうのか……
色だけ浮いている
あまり変化ない…
百田さんのように色だけ注目している人が多いのですが
実は目幅を変えることもできるんです
目幅を変える

これができると一気に目元の印象が変わりますよ
目幅を変える!
メモメモ!
ちなみにラメやツヤは可愛いからとつい盛り盛りに塗ってしまっているのですが……
ラメもりもり
ラメやツヤは立体感を出すために使うので
単にまぶた全体に塗ってしまうともったいないかも〜!
立体感
アイシャドウって奥が深いんですね!
幅を出したり立体感を出したり
でも法則はすごくシンプルなんです
自然にできる目幅拡張メイクでなりたい目元の印象を目指しましょう♡
なりたい目元
GOAL

Part

# 目幅を自然に広げる
# アイシャドウ 編

たくさんの色や質感があり、メイクの楽しさが詰まっているアイシャドウ。アイテムの選び方や色の塗り方を知るだけで、一気に雰囲気を変えることができます。

## グラデーションで目幅を変える

グラデーションを作ることで目元を立体的に、華やかに見せることできます。そこで大切なのは「グラデーションをどの方向に向かって作るか」です。それにより目幅が広がる方向が変わり、印象を大きく左右します。

## 色も質感も豊富！ なりたい印象によって選ぶ

アイシャドウは色も質感もさまざまなので、仕事のときはブラウン系、華やかな場ではパールの質感を選ぶなどシーンやなりたい印象に合わせて選べるようになると楽しいですよ。選び方のポイントを解説していきますね。

## アイシャドウの基礎知識

| | | | | | |
|---|---|---|---|---|---|
| 種類 | パウダー<br>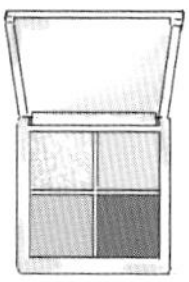 | リキッド<br>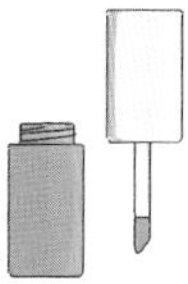 | クリーム<br> | ジェル<br> | ペンシル<br>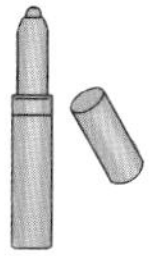 |
| 特徴 | 粉状のアイシャドウ。一番ベーシックで使いやすい形状 | 液状のアイシャドウ。乾きが早くピタッとまぶたに密着する | クリームタイプのアイシャドウ。なめらかで保湿感がある | クリームアイシャドウより水分感のあるみずみずしいタイプ | リキッドとクリームの良いとこ取りな使用感 |
| 質感 | ふんわり、サラサラ | 密着力のあるツヤ | しっとり、クリーミー | みずみずしいツヤ | クリーミー |
| おすすめの人 | ・メイク初心者<br>・グラデーションを楽しみしたい人 | ・時短メイクがしたい人<br>・ヨレにくさを求めている人 | ・上品な仕上がりが好みの人<br>・まぶたが乾燥している人 | ・透け感のある仕上がりが好きな人 | ・華やかなメイクがしたい人 |

## アイシャドウの色選び

色が与える印象を知っておくと、なりたい雰囲気やシーンに合わせて色を選ぶことができます。
また、挑戦したことがない色を選ぶときの参考にしてくださいね！

**ピンク**
甘く愛らしい印象に。デートの日にもおすすめ。

**オレンジ**
元気でフレッシュな印象になるので、休日のお出かけメイクにぴったり。

**ベージュ**
まぶたに自然に溶け込むベージュカラーはデイリーメイクにおすすめ。

**ブラウン**
引き締め感があり、メリハリが出るのでお仕事メイクに。

**レッド**
かっこよさとエレガントさを併せ持つ色で、華やかなシーンに使いたい。

可愛い ←→ かっこいい

## アイシャドウの質感の違い

色だけでなく質感によってアイシャドウを選べるようになると、その日の予定やコーディネートに合わせたメイクができます。あなたのメイクの幅がぐっと広がりますよ。

**グリッター**
1粒ずつが見えるくらいザクザクとした輝き。パーティーやフェスにおすすめ。

**ラメ**
キラキラと印象的に輝きます。いつもより少し華やかさをプラスしたい日におすすめ。

**パール**
一般的なツヤ仕上がりの質感。好感度高く上品な印象なので、お仕事メイクにもぴったり。

**マット**
光沢感が一切ないマットタイプは引き締め感が出ます。都会的なメイクにぴったり。

華やか ←→ ナチュラル ←→ 華やか

## ツールの違い

ツールの選び方によって色や質感の発色が変わります。
仕上がりの好みに合わせて選んでみてください。

**〈 指 〉**

密度が濃くしっかりまぶたで発色する。

**〈 チップ 〉**

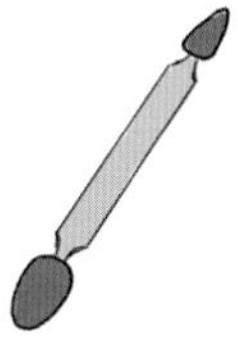

下まぶたメイクや締め色など細部にも使いやすい。

**〈 かためブラシ 〉**

前　横

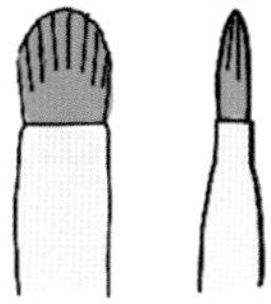

いつものアイシャドウをしっかり発色させたいときにおすすめ。

**〈 やわらかめブラシ 〉**

前　横

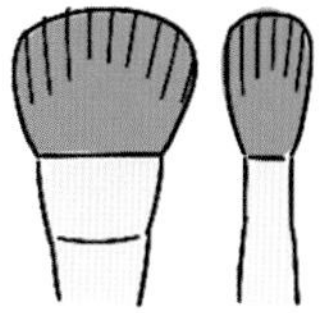

ふんわりナチュラルな仕上がりにしたいときにおすすめ。

発色：濃い ←→ 発色：淡い

目幅の印象を変えることができる

# アイシャドウの構成

なりたい印象に合わせて塗り方を変えられるようになるには
まず理想とされている目幅の比率を知っておくことが大切です。

〈理想の目幅〉

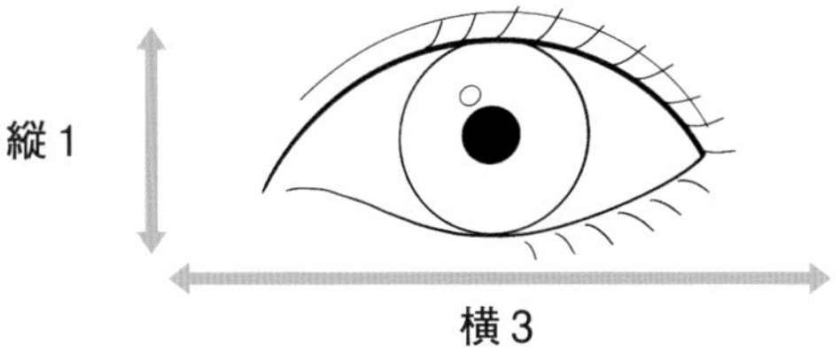

縦1
横3


一般的には、縦１、横３の幅が理想とされています。私は「縦１、横２」なので、横幅を出すメイクをすると平均的な美形に近づけるということです。
しかしこれは１つの基準なので全ての人がこの比率を目指す必要はありません。では、この基準から幅がはみ出るとどのような印象になるのか、下図を見てみましょう。

この基準から幅がはみ出ると下図のように印象が変化する

## 目幅によってどう印象が変わるか

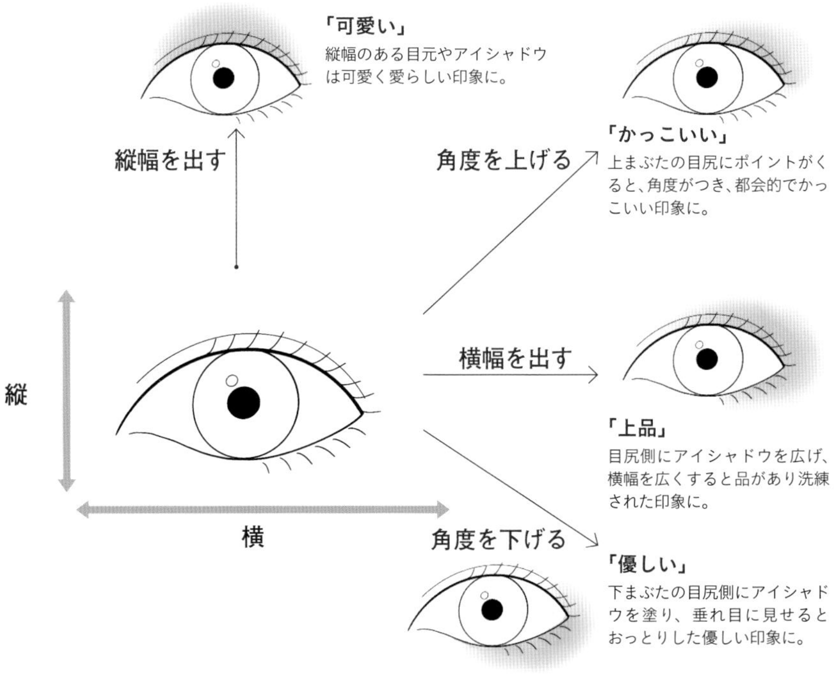

「可愛い」
縦幅のある目元やアイシャドウは可愛く愛らしい印象に。
縦幅を出す
角度を上げる
「かっこいい」
上まぶたの目尻にポイントがくると、角度がつき、都会的でかっこいい印象に。
縦
横
横幅を出す
「上品」
目尻側にアイシャドウを広げ、横幅を広くすると品があり洗練された印象に。
角度を下げる
「優しい」
下まぶたの目尻側にアイシャドウを塗り、垂れ目に見せるとおっとりした優しい印象に。

薄い色から濃い色へと塗っていく

# 基本のアイシャドウの塗り方

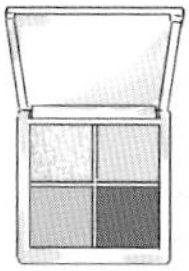

**使うのは コレ！ パウダータイプ**

一番使いやすいパウダーアイシャドウで解説していきます。基本は薄いカラーを塗ってから濃いカラーを塗るというのが手順です。私のおすすめはナチュラルなグラデーションを作ることができるブラシ塗りです！

## STEP 1

ブラシで適量取る

上まぶた全体に塗る量を取るときは、ブラシをユサユサと2回振り、ラメは、つきすぎると塗りにくいので、トントンと2度置くようにしましょう。

Point!

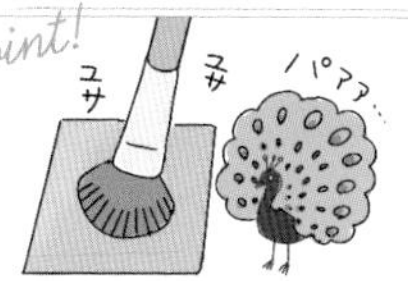


ブラシの先がくじゃくの羽のように広がった状態にしてから取る。

持ち手の半分〜後ろを持つ

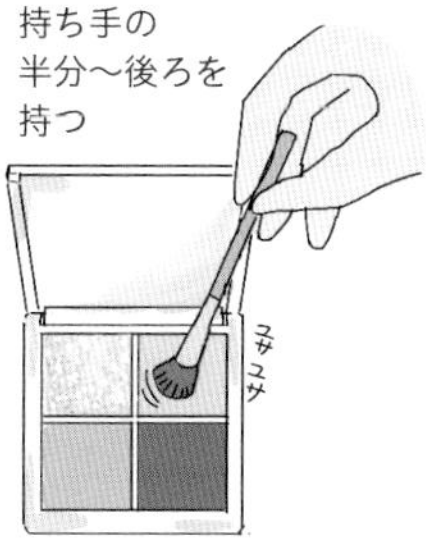


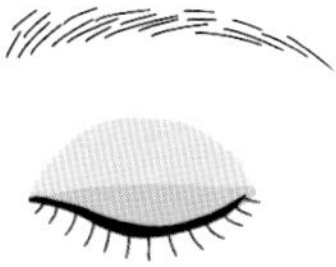

### ブラシの当て方のポイント

Point!

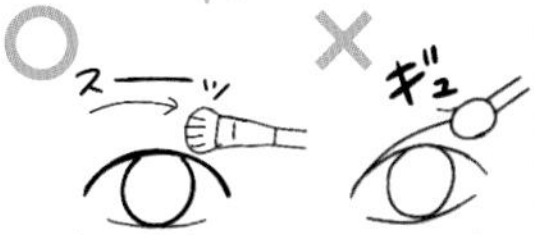


〈 OK 〉 スライドさせる

〈 NG 〉 引っ張る

ブラシが横から見てつぶれている、チップで目元の皮膚が引っ張られる力加減はNG。まぶたの上をすーっとスライドさせることで優しく均一に密着する。

## STEP 2

上まぶたを塗る

濃くしたい目のキワ部分にはじめに塗り、それを広げながらグラデーションを作っていくイメージです

ベースカラーを上まぶたのキワに塗り、上に向かって塗り広げる

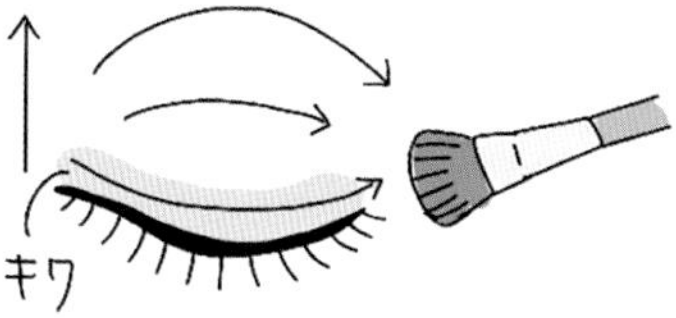


### ラメの塗り方

Point!

まぶたにトンと置いてから広げるときれいにつく。

仕上げのラメはトントンと取ると飛び散りにくい。

## STEP 4

同じように範囲を決めてグラデーションを作る

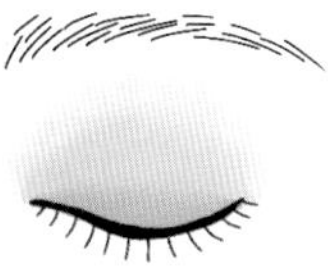

## STEP 3

下まぶたを塗る

ブラシやチップで滑らせるように塗ります。

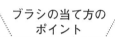

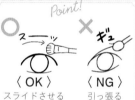

## 目元を明るくする

# 下まぶたメイク

目元がくすんでいる、疲れて見える人は下まぶたにもアイシャドウを塗り、
涙袋をふっくらさせると明るい表情になりますよ。またにこやかに見えて
愛らしい印象も与えます。お好みでトライしてみてください。

## 下まぶたメイクのメリット

目元がぷっくりするので、
面長をカバーしたり、若々
しい印象になったりします。

目元が若々しい
印象になる
疲れて見える
目元のカバー
中顔面を短く見せ
面長感をカバーする


## 下まぶたメイクの塗り方

**STEP 1**

明るめのアイシャドウを塗る

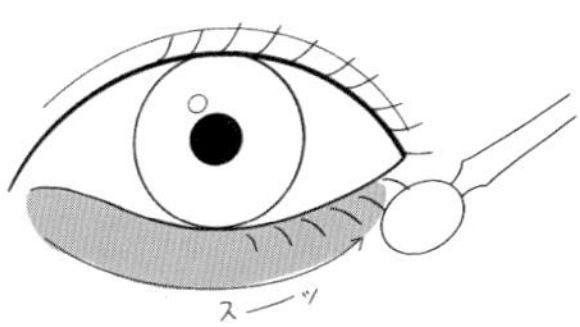

スーッ


ベージュやピンクベージュなど肌
なじみの良いアイシャドウを塗り
ます。にこっと笑ってぷっくりと
浮き出てくる範囲に塗ると自然で
す。

**STEP 2**

ラメをのせる

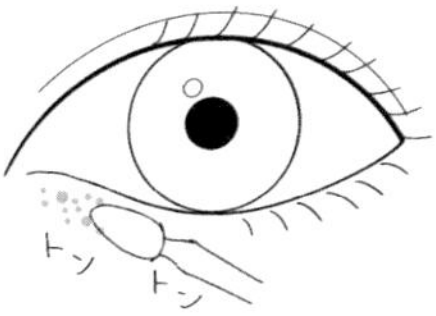

トン
トン


ラメをトントンのせます。
STEP1 の範囲より狭い範囲に
塗るとよりナチュラルです。

### ラメを塗る位置により変化する印象

Point!

**目の下に塗る**

→下まぶたのライン全体が上がって
見えるのでにこやかな印象になる

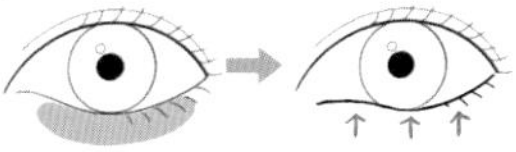

**目頭側に塗る**

→目頭部分が上がって見えるので
ミステリアスさがアップ

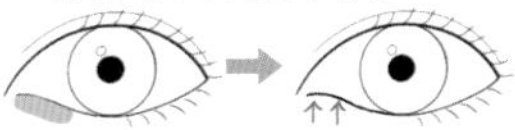

**目尻側に塗る**

→目尻が下がって見えるので
優しい印象に

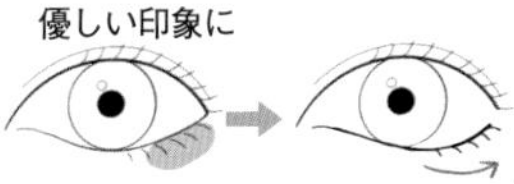

涙袋ペンシルでも
OK！

# 涙袋のラメの位置で変わる目元の印象

ラメを使ったところはより立体的に見えるので、
塗る位置を工夫すると、簡単になりたい目元の印象に近づけます。

STEP1の
ベースカラーは
全てに共通です

## 〈 B：垂れ目 〉

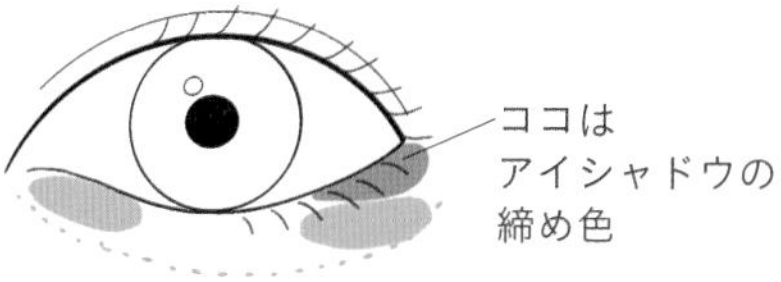
ココは
アイシャドウの
締め色

目頭と目尻に塗ることで色っぽさと優しさが合わさった印象に。

## 〈 A：愛され目元 〉

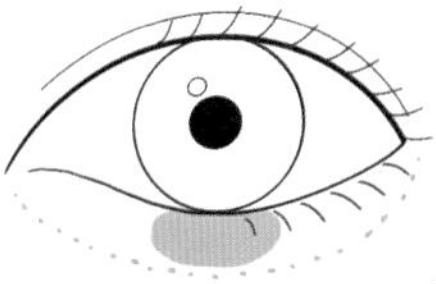

黒目の下に塗ると目が丸く可愛らしい印象に。ピュアな目元を演出できます。

ラメののせすぎには
注意しましょう！

## 〈 C：ナチュラルな目元 〉

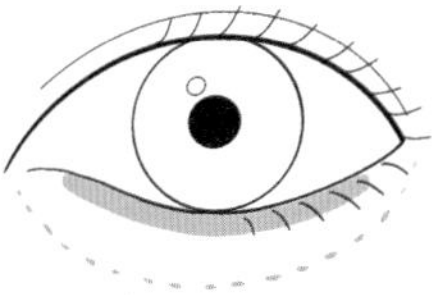

下まぶたのキワ（涙袋1/3くらい）に狙いを定めて塗ると、ナチュラルだけどにこやかな印象に。

## おすすめアイテム

サラッと密着し、1色でおしゃれに決まるので時短メイクにもおすすめ。

ロングウェア クリーム シャドウ スティック ゴールデンピンク／ボビイ ブラウン

とにかく盛れるアイシャドウはこれ！　計算し尽くされた配色と質感。

ウォンジョンヨ W デイリームードアップパレット 03／Rainmakers

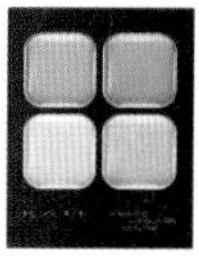

透け感のある軽めの仕上がりで、アイシャドウが苦手な方もトライしやすい。

KATE　ポッピングシルエットシャドウ　BE-1／カネボウ化粧品

肌なじみ良く発色し、オフィスメイクやメイク初心者におすすめ。

セザンヌ　ベージュトーンアイシャドウ　01／セザンヌ化粧品



下まぶたメイクや目元の細部のメイクに最適なブラシ。

エレガンス ブラッシュ 6〈アイシャドウ用 丸筆〉／エレガンス コスメティックス

ブラシの断面を使えば目元の広い範囲に、先端を使えばキワに塗ることができる万能なアイシャドウブラシ。

SHISEIDO NANAME FUDE マルチ アイブラシ／SHISEIDO

深みと透明感が両立されたアイシャドウパレットで大人な目元を演出。

RMK シンクロマティック アイシャドウパレット 03／RMK Division

奥行カラーと潤んだような煌めきのラメが儚げな目元を作ってくれる。

ルナソル　アイカラーレーション 15／カネボウ化粧品

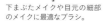

# なりたい印象別のアイシャドウの塗り方

どんな印象になりたいかによって、アイシャドウの塗り方は変わります。
また、ラメを塗る位置も工夫して、アイメイクを楽しみましょう。

## 縦幅を出すグラデーションがポイント
## 可愛い印象のアイシャドウ

縦に幅を出す塗り方で黒目を印象的にすることで、愛らしさがアップ。
ラメも黒目の上下に塗りましょう。

**こんなコーディネートにおすすめ**

フリルのブラウスやパステル系のトップスなど、
キュートなデート服に合わせたい。

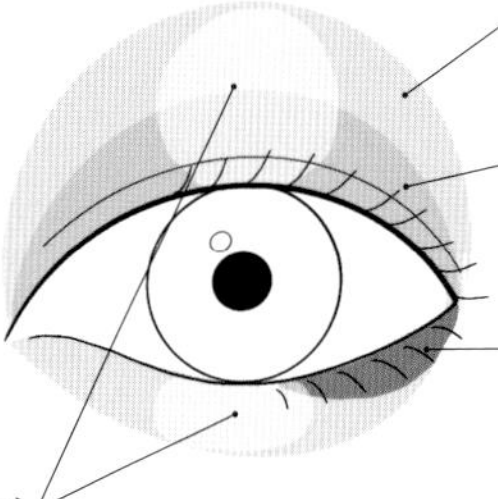

**Ⓐベースカラー**
丸みを意識してアイホール全体を塗る。下まぶた全体にも塗る

**Ⓑミディアムカラー**
ベースカラーの半分の範囲を塗る。丘を描くように丸くふわっと塗って

**Ⓒ締め色**
目尻側の下まぶた 1/3 に塗ってさらに境目をぼかす

**Ⓓラメ**
黒目の上と下に入れて、潤んだ目元を演出

## 可愛い×シャープのいいとこ取り！
## きれいめ印象のアイシャドウ

横にじゅわっとグラデーションを作ることで
印象的で上品な目元が作れます。

**こんなコーディネートにおすすめ**

オフィス服やきれいめのシャツなどにおすすめ。
華やかなラメを選べば、パーティーにも。

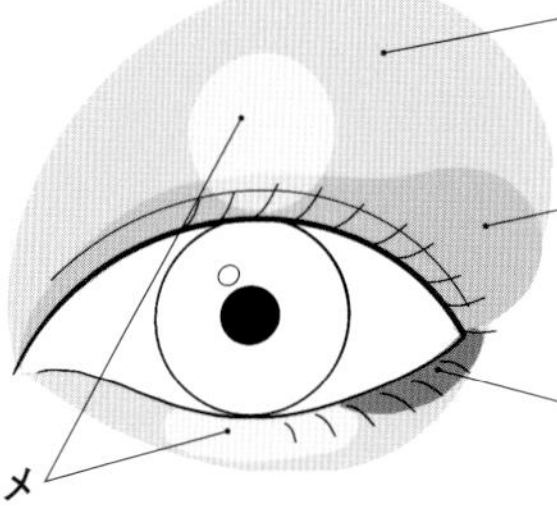

**Ⓐベースカラー**
上下まぶた全体に塗る

**Ⓑミディアムカラー**
ベースカラーの 1/3 範囲に塗り、目尻の幅は広めにぼかす。下の目尻 1/3 にも塗る

**Ⓒ締め色**
Ⓑと同じく下目尻 1/3 に薄く塗る

**Ⓓラメ**
黒目の上と下にさりげなく丸く入れる。欲張りすぎないのがポイント

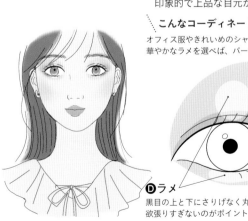

**使うのはコレ！**
**パウダータイプ**

ラメⒹ　Ⓐベースカラー
ミディアムカラーⒷ　Ⓒ締め色

## 目尻は広めに塗って横幅を出す
## シャープな印象のアイシャドウ

横幅を出しつつ、少し角度を上げながらグラデーションを広げることで
キリッと落ち着いた大人な印象の目元を演出してくれる。

**こんなコーディネートにおすすめ**

パンツスタイルや、スタイリッシュなコーディネートと相性が良い。

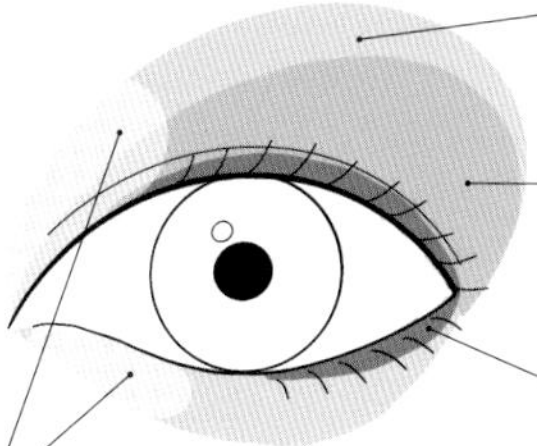

**Ⓐベースカラー**
上下まぶた全体に塗る

**Ⓑミディアムカラー**
目尻に向かって斜め上に広げるように塗り、下目尻 1/3 にも塗る

**Ⓒ締め色**
上まぶたはアイラインのように目のキワに沿って入れ、下目尻 1/3 にも細めに塗る

**Ⓓラメ**
目頭側から内側にぼかすようにふわっと塗ります

## 下まぶたにボリュームをオン
## 癒し系の印象のアイシャドウ

目尻の角度を下げて塗ることで優しくやわらかい印象の目元に。
下まぶたにボリュームを作るのがポイント。

**こんなコーディネートにおすすめ**

ふわふわのニットコーディネートにマッチ。
ふんわりとした雰囲気になる。

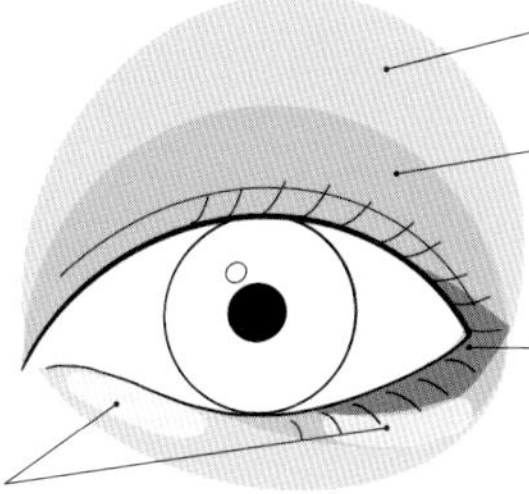

**Ⓐベースカラー**
上下まぶた全体に塗る

**Ⓑミディアムカラー**
ベースカラーの半分の範囲に塗る。丘を描くように丸くふわっと塗って

**Ⓒ締め色**
Cの字でつながるように塗り、下まぶたを広めに塗るとふんわりした優しい印象に

**Ⓓラメ**
黒目の下を除いた目頭下、目尻の下にオン

## Part 04 アイラインのあるある勘違いとは

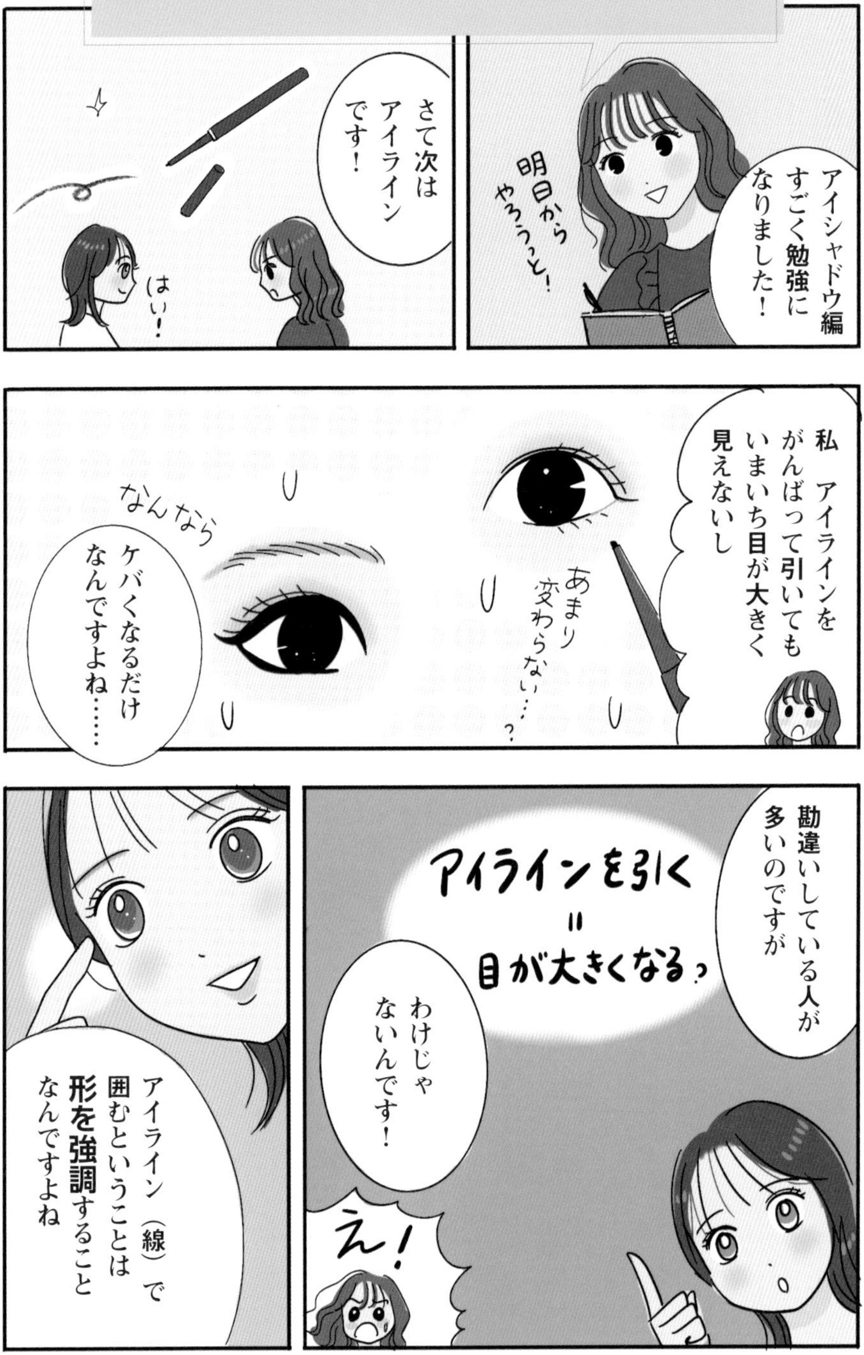
アイシャドウ編すごく勉強になりました！
明日からやろうっと！
さて次はアイラインです！
はい！
私 アイラインをがんばって引いてもいまいち目が大きく見えないし
あまり変わらない…？
なんなら
ケバくなるだけなんですよね……
勘違いしている人が多いのですが
アイラインを引く＝目が大きくなる？
わけじゃないんです！
え！
アイライン（線）で囲むということは形を強調することなんですよね

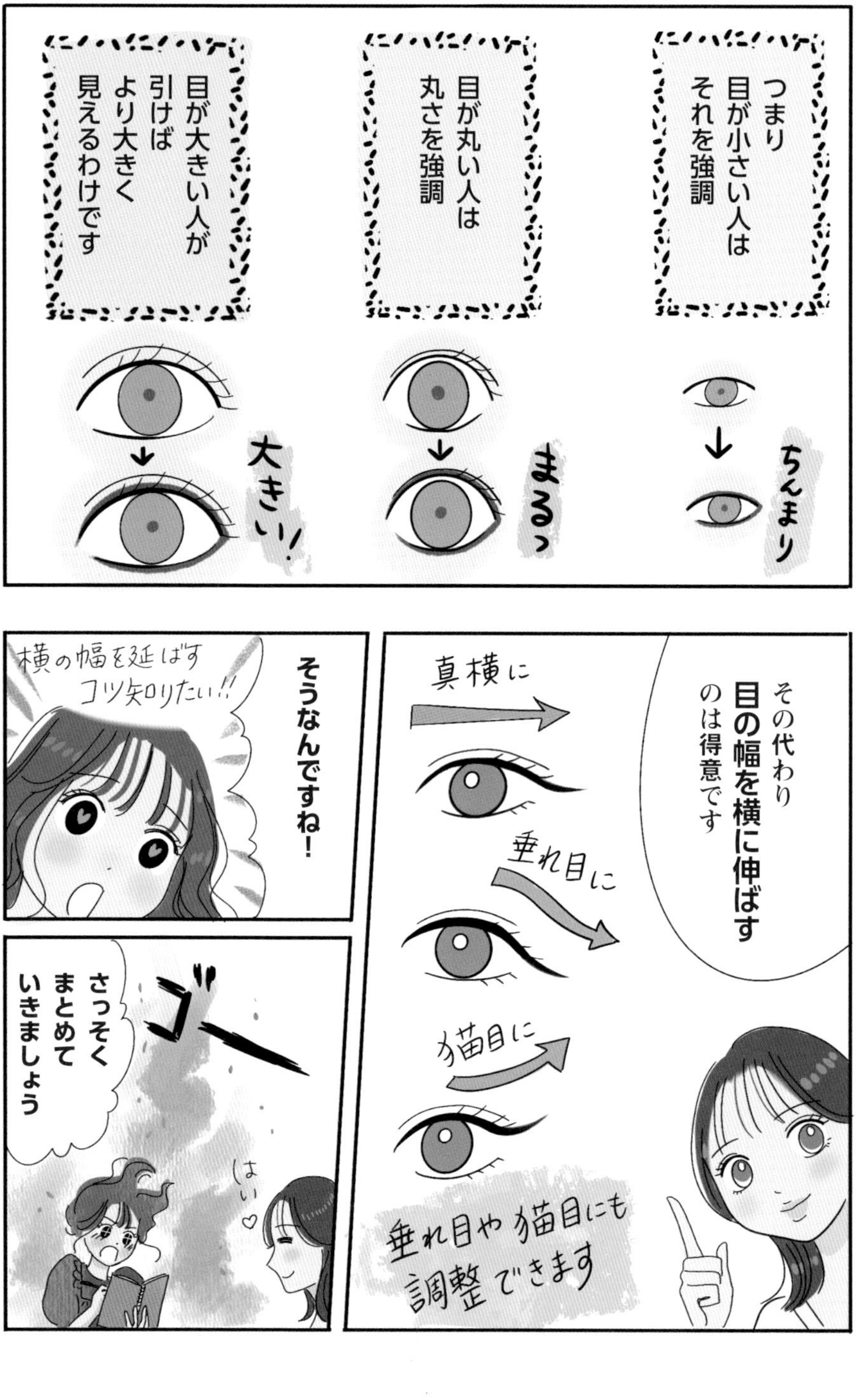
つまり目が小さい人はそれを強調
ちんまり
目が丸い人は丸さを強調
まるっ
目が大きい人が引けばより大きく見えるわけです
大きい!
その代わり目の幅を横に伸ばすのは得意です
真横に
垂れ目に
猫目に
垂れ目や猫目にも調整できます
そうなんですね!
横の幅を延ばすコツ知りたい!!
さっそくまとめていきましょう
ゴー
はい♡

Part 04

# 目元を引き締める

# アイライン 編

アイラインは引きたいけれど、ガタガタになってしまう、
粘膜について黒くなってしまうという失敗談が多い工程です。
ここではブレずにしっかり目のキワに引く方法を解説します。

## 目の横幅を変えることができるアイライン

アイシャドウはグラデーションにより、目幅全体の印象を変えることができますが、アイラインは線で目の横幅を変えることができます。また、垂れ目に見せたり、キリッとつり目を演出したりすることもでき、目元の印象がより引き締まります。

## メイク初心者はペンシルで少しずつ描く

アイラインの主な種類はペンシルタイプとリキッドタイプです。メイク初心者はクリーミーで、がたつきにくいペンシルタイプがおすすめ。一度に引かず少しずつ点と点をつないでいくように引いてみましょう。

## アイラインの基礎知識

| | ペンシル | リキッド |
|---|---|---|
| 種類 |  |  |
| 特徴 | 芯がやわらかくナチュラルで優しい印象を作りやすい。鉛筆タイプと繰り出しタイプがある | 筆タイプの液状アイライナー。<br>くっきりしたラインを描きやすく、汗や水にも強いものが多い |
| 仕上がり | ふんわり、ナチュラル | くっきり、ツヤ |
| おすすめの人 | ・メイク初心者<br>・ナチュラルな仕上がりが好きな人 | ・メイク中級者<br>・アイライナーがヨレやすい人<br>・ラインで目尻など形を演出したい人 |

ジェルタイプのアイライナーもありますが、よりクリーミーでスルスル～っと引きやすいですよ！

# アイラインを引く位置

まつ毛とまつ毛の間を埋めるように目のキワに引くのが基本。

## 基本は皮膚の上に引く

ピンクの粘膜部分に描いてしまうと、にじみやすく、
ドライアイの原因とも言われているので注意しましょう。

## 目のキワってどこ？　全方位からチェック

### 〈下から〉

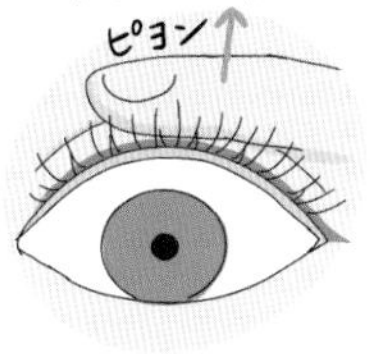
ピョン

上まぶたを指で上に引っ張るとピンクの粘膜と肌の境目が見えます。そこが目のキワです。少し肌に寄った位置に引きます。

### 〈横〉

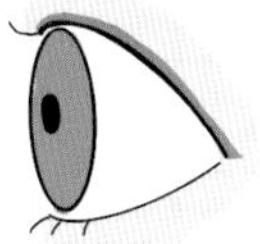

横から見るとこんな感じ。しっかり目のキワに引けていれば浮かずになじんでいます。

### 〈正面〉

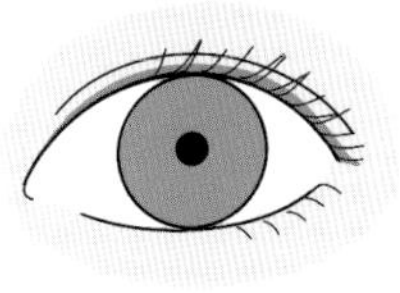

正しい位置に引いていればまつ毛の間が埋まっているように感じるはずです。

## まぶたの構造によって目のキワの見えやすさは異なる

〈例〉
奥二重だと見えにくい

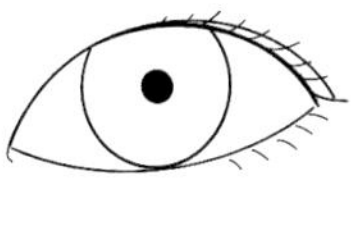

二重だと見えやすい

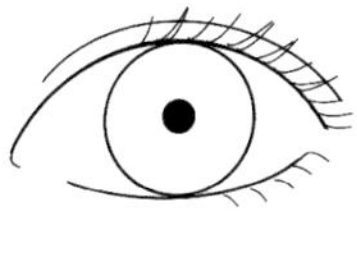

➡ まつ毛のキワが自然に濃くなったように見えれば、アイラインの位置は正解です。

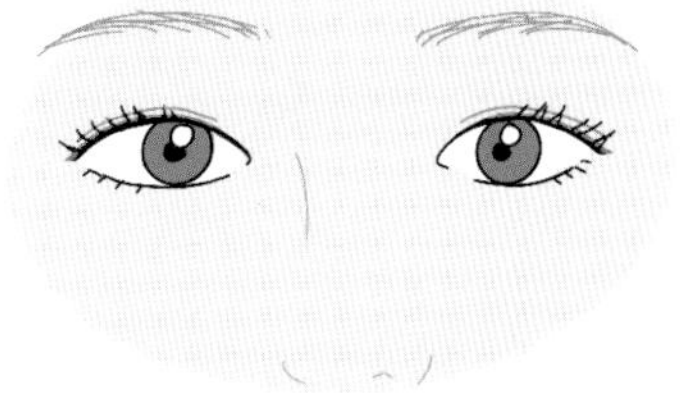

### ○ アイラインの位置の正解

まつ毛の根元が濃くなった仕上がり

### × アイラインの位置の NG

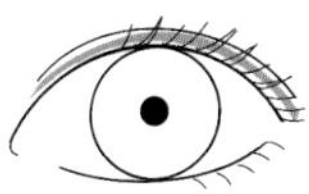

目のキワから浮いている

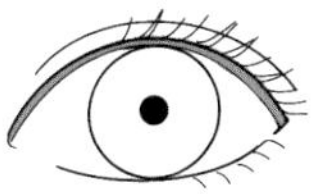

粘膜にがっつり入っている

粘膜に引くと
ドライアイの
原因になるかも

## まつ毛の生え際を埋めるように引く

# アイラインの引き方

一度にきれいに引こうとしなくても大丈夫。ちょこちょことペンの先を目のキワにあてながらまつ毛の生え際を埋めるように引いてみて。鏡を見下ろす角度で目のキワを確認しながらトライしましょう！

### STEP 1

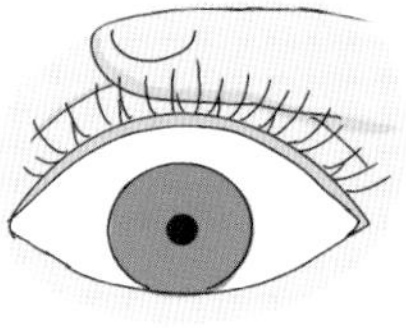

それでも目のキワが見えにくい人はまぶたを持ち上げてキワが見えるようにする。

目のキワが見える状態に鏡をセットする

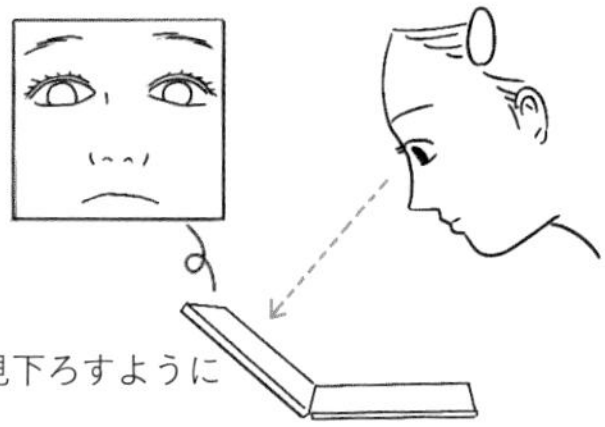

鏡を見下ろすように

### STEP 2

線で描くのが難しい人は、点をつないでいくように描きましょう。

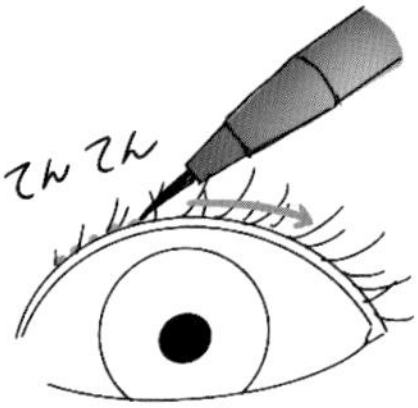


目頭から目尻に向かって引く

目頭から目尻に向かって目のキワに沿って描きます。

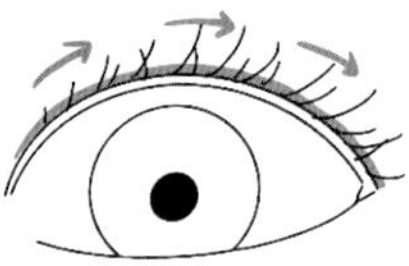

Point!

### 手の震えで安定しないとき

**右手が利き手の場合**

右目を描くとき→親指を頬に当てる
左目を描くとき→小指を頬に当てる

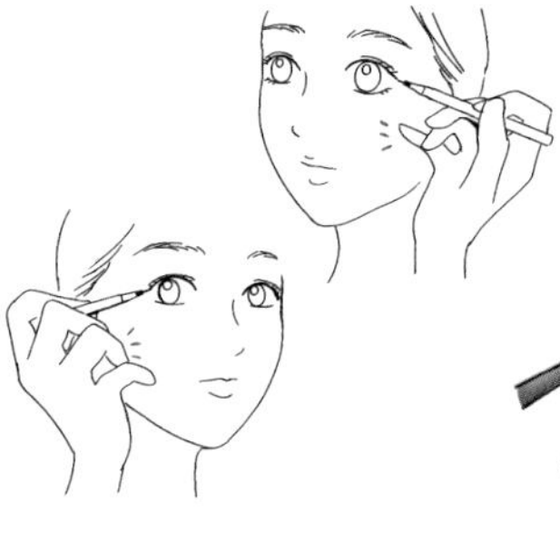

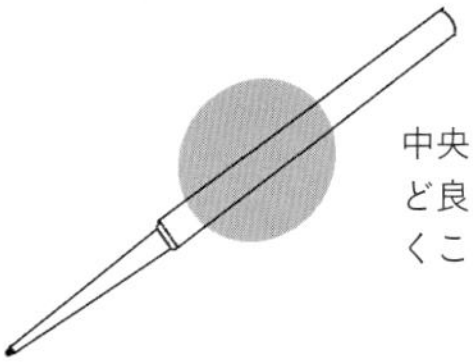

### 〈 持つ位置 〉

中央を持つことで、ちょうど良い力加減でラインを引くことができる

### 〈 アイラインの角度 〉

**ペンシルの場合**

目のキワに垂直にあてつつ、横に進むように描く。

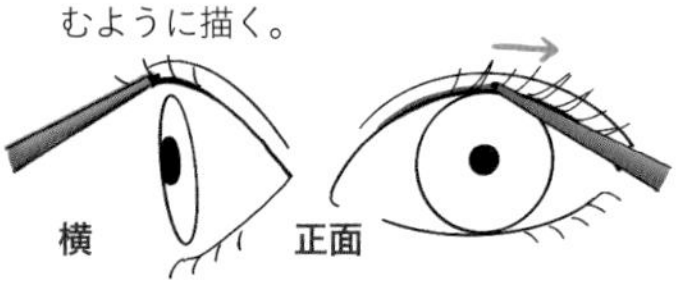


**リキッドの場合**

目の形に沿うように倒しながら描く

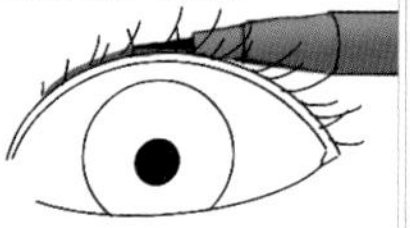

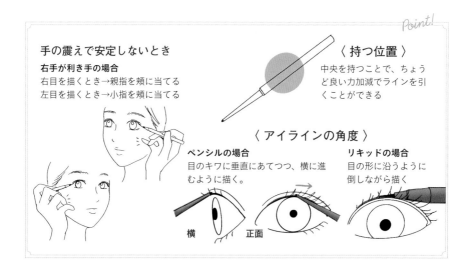

# 目尻のアイラインの引き方

目尻の長さや角度によって、目の印象は大きく変わります。
ナチュラルに目幅を大きく見せたい場合は、
目尻から３～４㎜程度はみ出すように引いてくださいね！

## 目尻の長さ

**3 ～ 4㎜：ナチュラル**

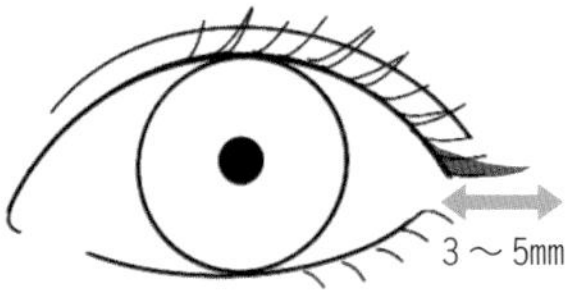
3 ～ 5㎜

**5㎜以上：存在感が出てくる**

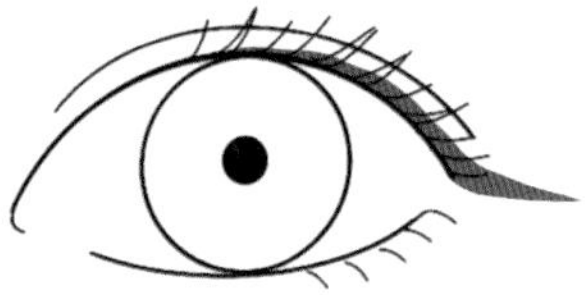

好みや自分の目幅に合わせて
みてくださいね！

## 目尻の角度

**目頭～目尻を線で結んだ延長線上：ナチュラル**

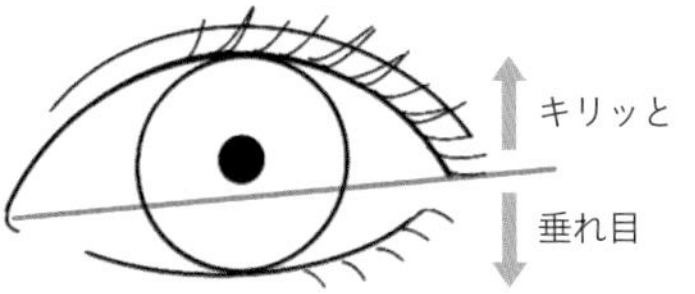
キリッと
垂れ目

**延長線より角度を上げる：つり目**

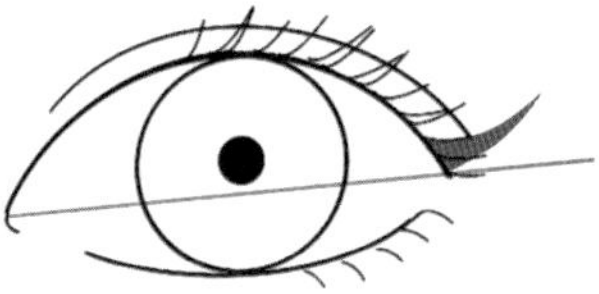

**延長線より角度を下げる：垂れ目**

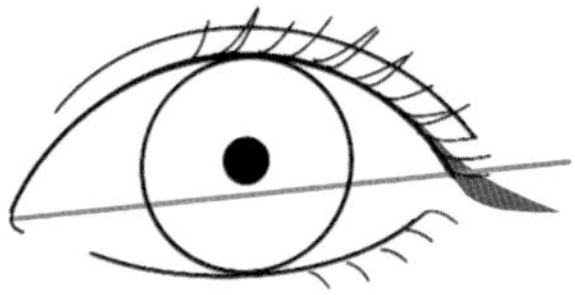

## おすすめアイテム

スルスルと描きやすく、シフォンブラウンのカラーは目元に抜け感を出すことができる。

ディーアップ シルキーリキッドアイライナーWP シフォンブラウン／ディー・アップ

滑らかなペンシルタイプでメイク初心者も使いやすく、にじみにくいのも嬉しいポイント。

パワーアイズ ウォータープルーフライナー ブラウン／ブリリアージュ

落ちにくいアイライナーならこれ！汗水皮脂に強いので夏のメイクにも最適です。

ヒロインメイク　スムースリキッドアイライナー スーパーキープ 01 ／ＫＩＳＳＭＥ（伊勢半）

日常で使いやすいカラーから、カラフルなものまで豊富に揃っている。

UZU EYE OPENING LINER PINK／UZU

パール感がありキラキラと目元を華やかに見せてくれる。

ロムアンド トゥインクルペンライナー 05 ／韓国高麗人蔘社

リキッドの濃厚な発色と、ペンシルのスルスルとした描き心地の良いとこ取りをしたような極細アイライナー。

SHISEIDO マイクロライナーインク 02 ／SHISEIDO

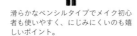

Part 04

# ビューラー・マスカラのひと手間とは

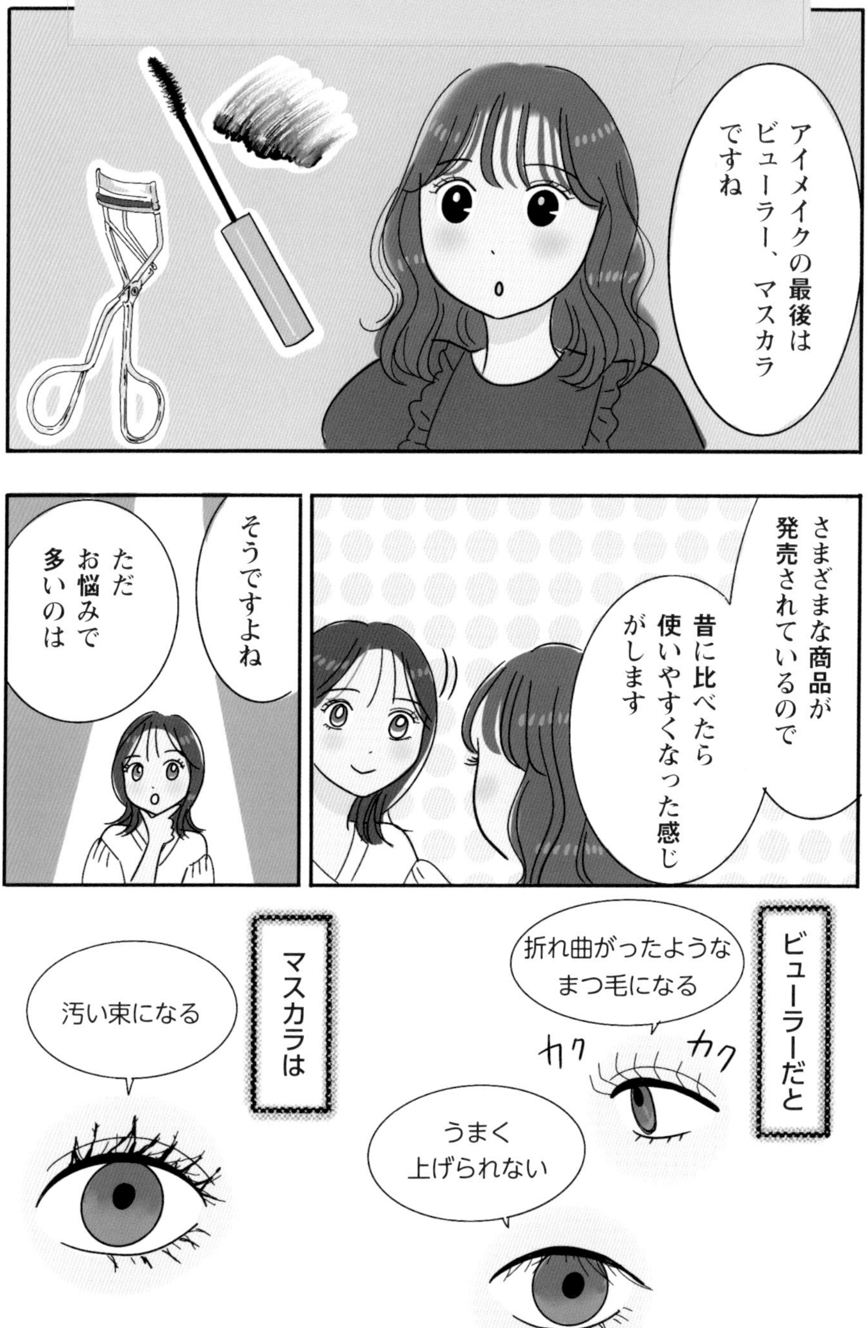

アイメイクの最後は
ビューラー、マスカラ
ですね
さまざまな商品が
発売されているので
昔に比べたら
使いやすくなった感じ
がします
そうですよね
ただ
お悩みで
多いのは
ビューラーだと
折れ曲がったような
まつ毛になる
カク
カク
うまく
上げられない
マスカラは
汚い束になる

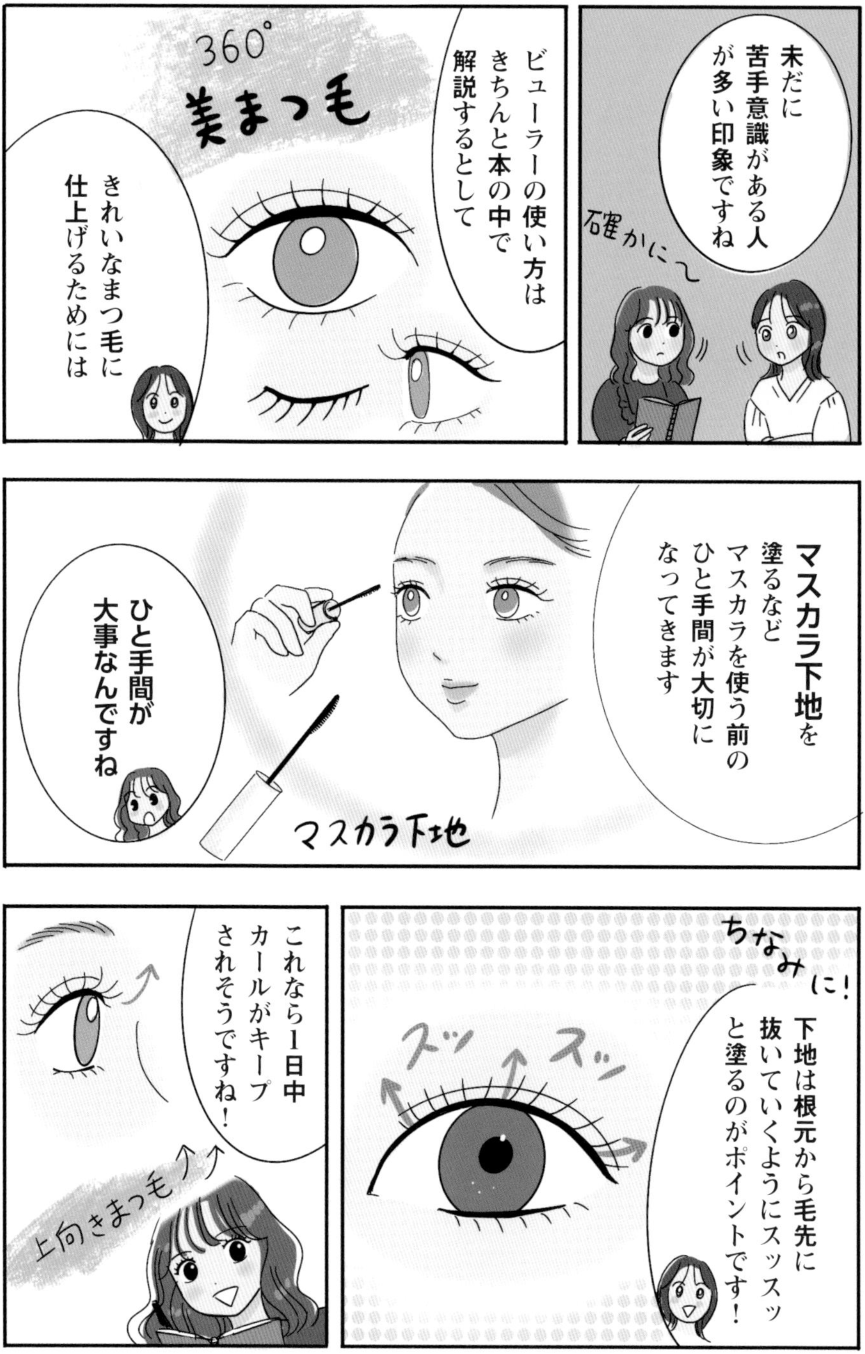
未だに苦手意識がある人が多い印象ですね
確かに〜
ビューラーの使い方はきちんと本の中で解説するとして
360°
美まつ毛
きれいなまつ毛に仕上げるためには
マスカラ下地を塗るなどマスカラを使う前のひと手間が大切になってきます
マスカラ下地
ひと手間が大事なんですね
ちなみに!
スッ
スッ
下地は根元から毛先に抜いていくようにスッスッと塗るのがポイントです!
これなら1日中カールがキープされそうですね!
上向きまつ毛

Part

# 華やかさを与える
# ビューラー・マスカラ 編

メイクの中で唯一前への立体感を演出できるため、華やかな目元の印象を作ることができます。まつ毛を上向きにカールさせることで目の中に光が入り、キラキラした瞳に見えますよ。

### 横顔を美しく見せる秘訣はまつ毛メイクにあり

くるんとカールしたまつ毛は横顔や伏し目を印象的にしてくれて、時には色っぽく見せてくれます。こんなパーツは他になくまつ毛メイクだけです。ビューラーやマスカラを使って、さらに魅惑的な目元メイクをしましょう。

### 目をぱっちり見せるまつ毛メイク

自分の持っている素材を最大限に活かして目元が盛れる、お得なパーツがまつ毛メイクです。まつ毛にボリュームが出ると目のキワがくっきり見え、ビューラーでまつ毛を長く見せると目幅が自然に広がったように見えます。

## ビューラーの選び方

まつ毛がうまく上がらないという人はビューラーの角度を見直してみましょう。
目のカーブを合わせたものを選ぶと良いです。

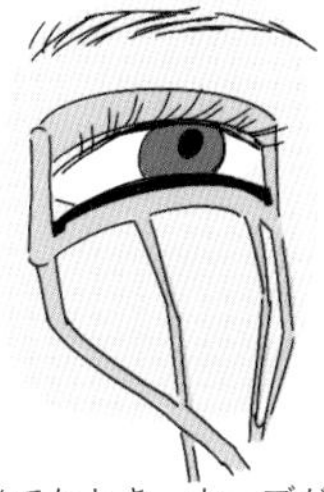

目に当てたとき、カーブが上まぶたのキワにフィットしているときれいにまつ毛が上がる。

### ビューラーのカーブ

〈 上から見た図 〉

**カーブがゆるめ**

目の形が切れ長で横にすっきりしている人におすすめ。

**カーブがきつめ**

目の形が立体的な人におすすめ。

### ビューラーの種類

**目尻用のビューラー**

普通のビューラーで目頭や目尻が挟みにくいときに使う、小さめのビューラー。

**ホットビューラー**

熱によって、まつ毛をカールさせるビューラー。しっかりカールさせたい日に使用するのがおすすめ。

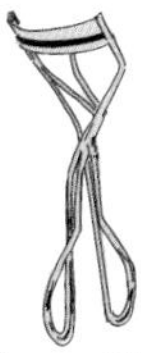

**ビューラー**

まつ毛全体に使用できるビューラー。まずはこれだけ持っていれば大丈夫。

# ビューラーの使い方

まずは上まぶたにフィットしているかがポイント。まつ毛の根元を鏡で確認してからビューラーを当てるようにしましょう。

---

まつ毛の根元が見えにくい人

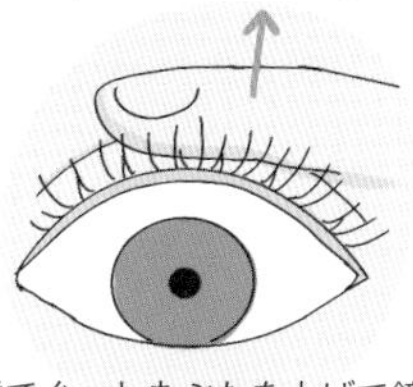

指でぐっとまぶたを上げて鏡を見下ろしてみましょう。

## STEP 1

まつ毛の根元を確認する

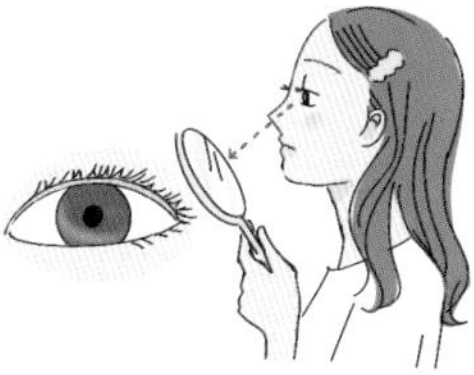

鏡を下に持ち、鏡の中の自分を見下ろすようにし、まつ毛の根元を確認します。

### ビューラーの角度

ビューラーが上まぶたにフィットするように持つ。

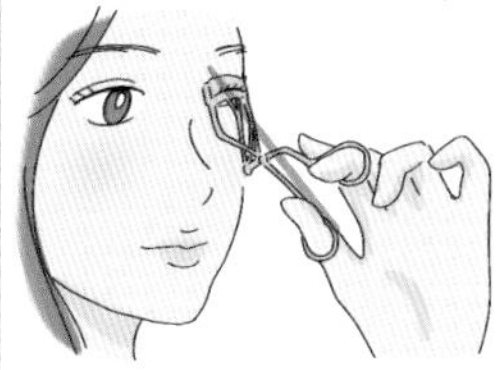

---

こんなとき ビューラーを見直して

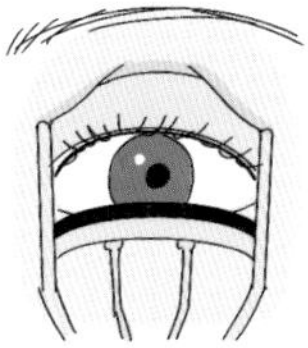

ビューラーを上まぶたに強く押し当てないとまつ毛が上がらない場合は、カーブが合っていないかも。右ページを見直してみて。

## STEP 2

ビューラーをまぶたに当てて、まつ毛の根元を挟む

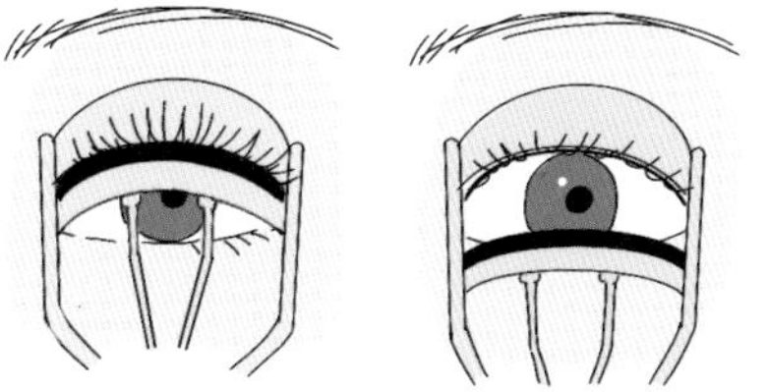

上まぶたにギューッと押し付けず、ゴム部分がまつ毛のキワにふんわり触れるくらいにします。

---

## STEP 4

3箇所に分けて、まつ毛を上げる

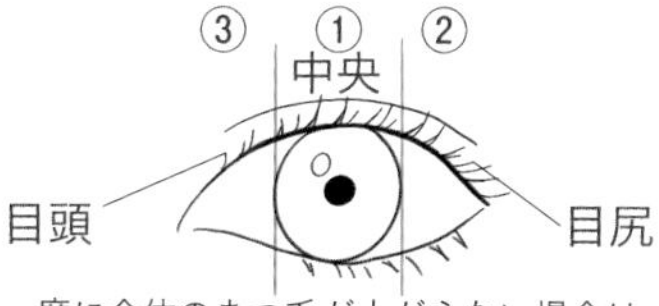


一度に全体のまつ毛が上がらない場合は目を3分割して少しずつまつ毛を挟むと良いです。

目尻、目頭側はビューラーの端を使うようにするとgood！

## STEP 3

まつ毛を3つのポイントでカールさせる

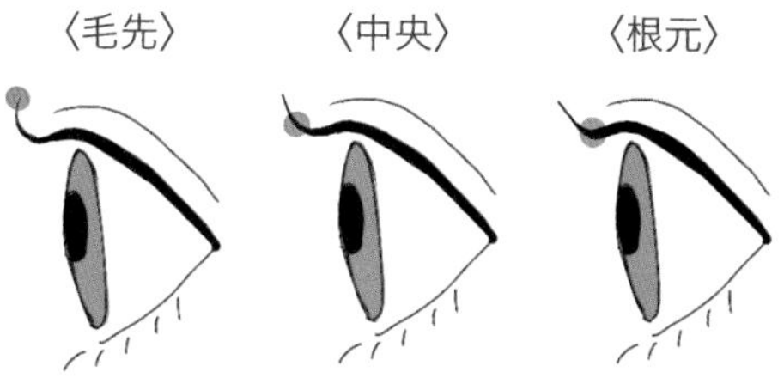


根元を挟んだら、少し位置をずらしてまつ毛の中央を、最後に毛先を挟んで3段階でカールを作るときれいに仕上がります。難しい場合は根元だけでも大丈夫ですよ。

# マスカラの基礎知識

ボリュームを出したり、長さを強調したりとさまざまなタイプのマスカラがあります。好みの仕上がりに合わせてまつ毛メイクを楽しみましょう。

## マスカラの種類

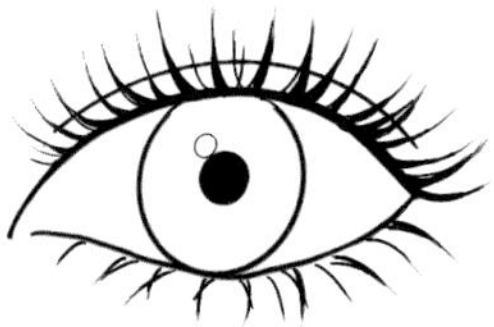

欲張り派におすすめ
**ロング＆ボリュームタイプ**

ロングとボリュームの良いとこ取りの仕上がりに。私はこのタイプが好みです。

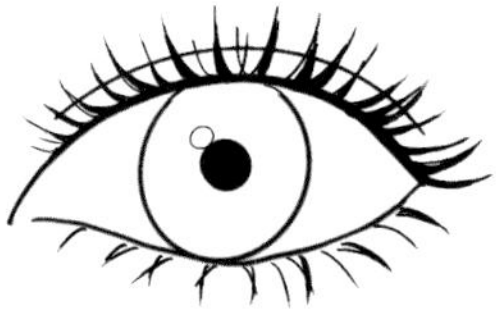

華やか派におすすめ
**ボリュームタイプ**

ゴージャスな印象になるボリュームタイプ。まぶたの重さに悩んでいる人におすすめ。

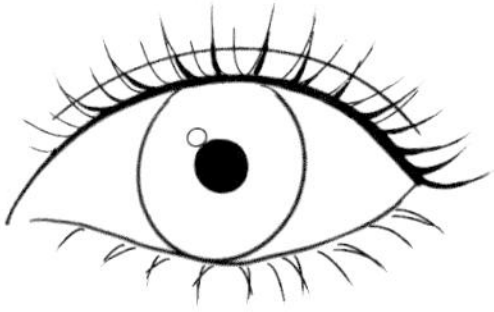

ナチュラル派におすすめ
**ロングタイプ**

まつ毛の長さが出るので目元を自然にパッチリと見せることができます。

# マスカラの使い方

マスカラ下地を
仕込むとよりカール
キープできます！

まつ毛の根元にコームをはめ込み、ジグザグ塗りがポイント。
毛先は軽く力を抜くように塗るとダマにならずきれいに仕上がります。

**STEP 1**

マスカラ液を取る

ちょん
ちょん

コームの先端についているマスカラ液は容器のふちで、ちょんちょんと取ります。余分なマスカラ液を取ることでダマになりにくいです。

**STEP 2**

コームをまつ毛の根元にはめ込む

ジグザグ

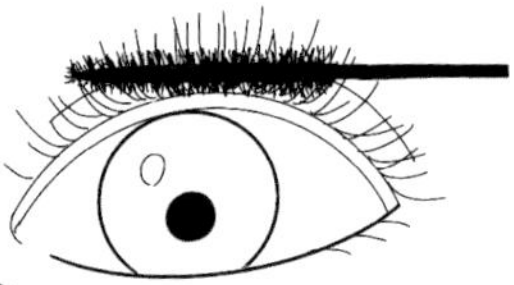

鏡を見下ろしながらまつ毛のキワを確認し、コームを当てます。そこでジグザグと少し左右で揺らすようにすると、まつ毛の根元にコームがはまります。

## STEP 3

毛先まで塗る

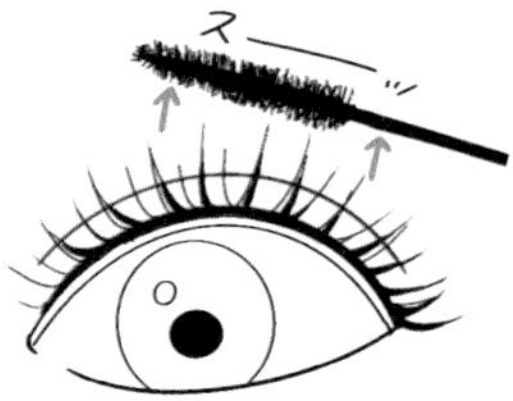

毛先までスッと力を抜くように塗ります。

## STEP 4

目頭、目尻など細部を塗る

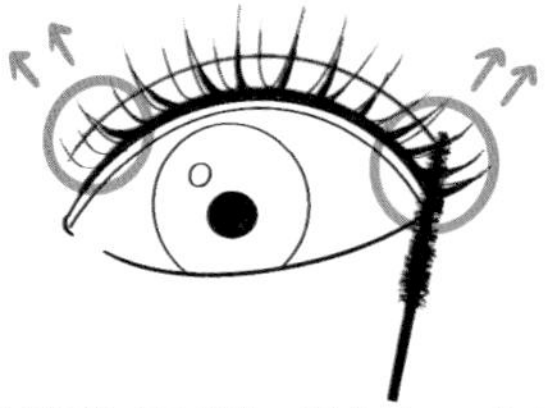

目頭や目尻などの細かい部分はコームを立てながら使って塗ります。

## STEP 5

下まつ毛を塗る

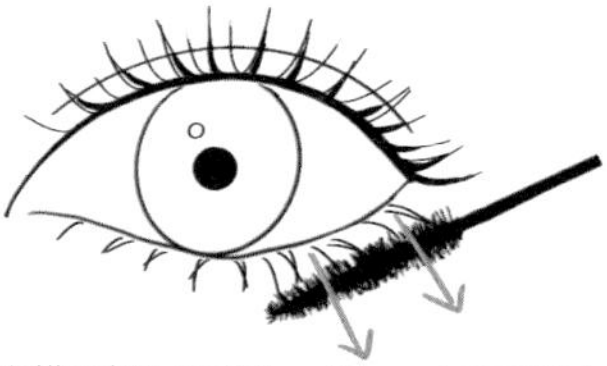

コームを横に倒しながら、スーッと力を抜くように塗ります。下まつ毛を塗ると目元が暗く見える人はしなくても良いです。

## マスカラがダマになっていないか？

Check!

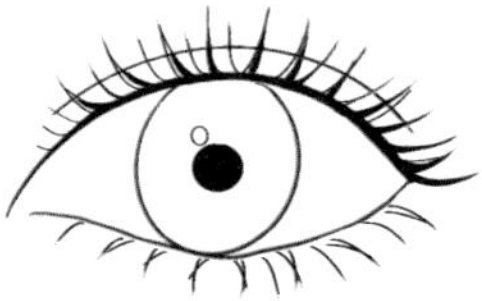

ダマになってしまった場合はまつ毛をとかす用のコームを使用すると固まった部分がうまく取れる。

## おすすめアイテム

マスカラに悩んだらまずはこれを試してほしい。長さを出しつつ自然な仕上がりになり、お湯でするんとオフ。

ラッシュ パワー マスカラ ロング ウェアリング フォーミュラ # 04／クリニーク

日本人のまぶたに特にフィットしやすいビューラー。メイク現場では欠かせない！

アイラッシュカーラー　213／資生堂

まぶたが重く、うまくまつ毛が上がらないという方におすすめ。

アイプチⓇ　ひとえ・奥ぶたえ用カーラー／イミュ

まつ毛ケアをしながら上から重ねるマスカラの持ちを高めてくれるマスカラ下地。

ザ マスカラ プライマー カール フィクサー 001／アディクション ビューティ

とにかくカールキープ力がすごいので、まつ毛が下がりやすい人におすすめ。

セザンヌ　耐久カールマスカラ　01／セザンヌ化粧品

特殊なコームでアイドルのような束感まつ毛を簡単に作ることができる。

キングダム　束感カールマスカラ　クリアブラック／キューティス

Part 04

# リップ選びで大事なことは

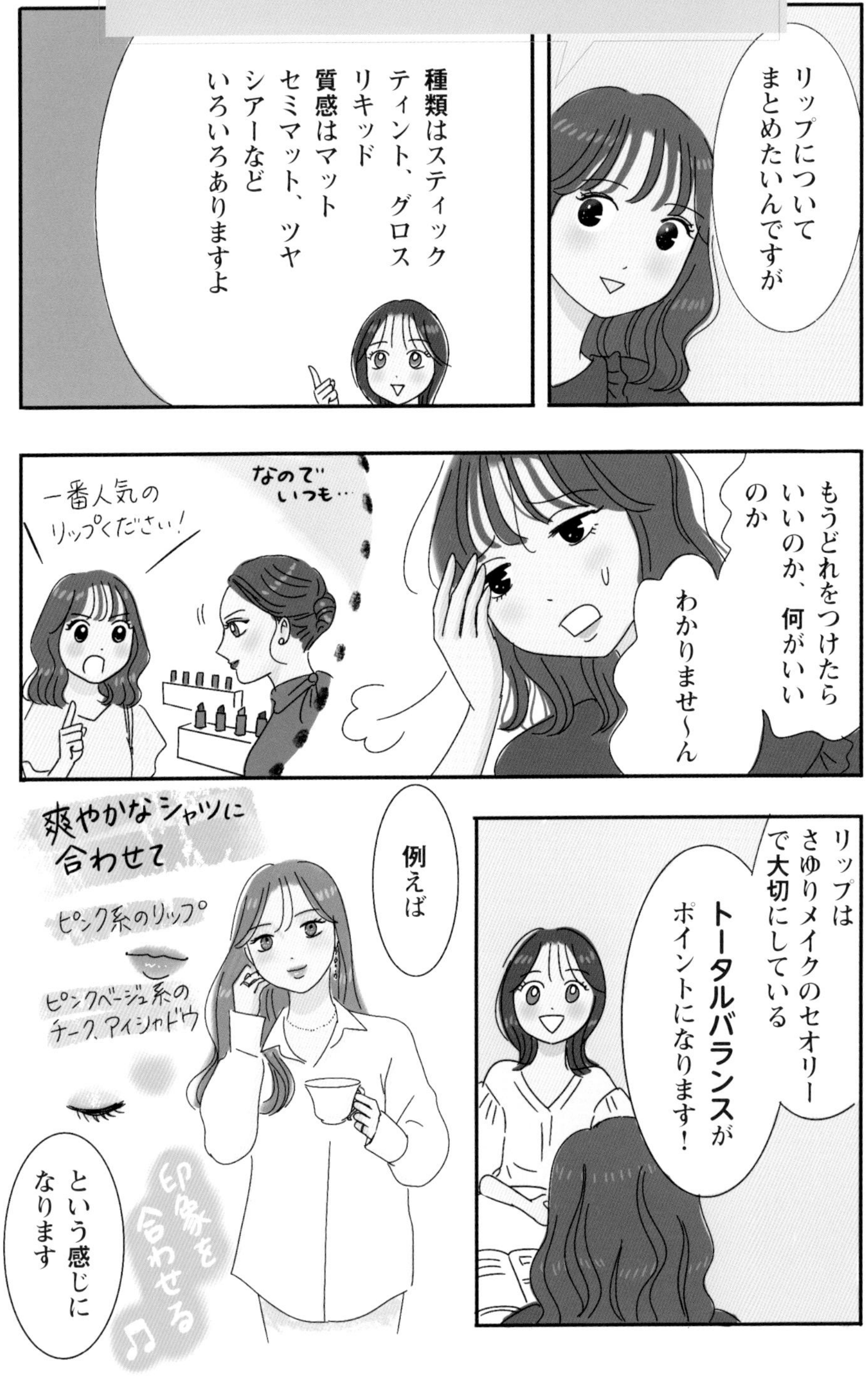
リップについてまとめたいんですが
種類はスティック、ティント、グロス、リキッド 質感はマット、セミマット、ツヤ、シアーなど いろいろありますよ
もうどれをつけたらいいのか、何がいいのか
わかりませ～ん
なのでいつも…
一番人気のリップください！
リップはさゆりメイクのセオリーで大切にしている**トータルバランス**がポイントになります！
例えば
爽やかなシャツに合わせて
ピンク系のリップ
ピンクベージュ系のチーク、アイシャドウ
印象を合わせる♪
という感じになります

もちろん
リップは色選びも
大事ですけど
質感も大切
なんですよね
マット
グロッシー
ツヤ
シアー
質感
例えば
きっちりとした
平行眉を描いたら
リップは
雰囲気に合わせて
キリッとした
セミマットの質感の
リップをつけると
トータルバランス
が取れて　ぐっと
あか抜けますよ
えっ そうなんですか？
眉に合わせる？
そ…
そんなこと
考えたことも
なかったです！
これも
しっかり解説に
入れましょう！

# 洗練された印象を作る リップ編

ひと塗りで魅力を引き立ててくれるリップ。色や質感も豊富で見ているだけでウキウキしますよね。なりたい印象やシーンに合わせて使い分けられるとメイクの幅が広がります。

## 唇の血色感をアップ 顔の表情に彩りを与える

リップを塗ることで、唇に血色感を与えて輝きやツヤもプラスしてくれます。顔全体の印象に華やかさを与えて、気持ちや表情を明るく彩ります。また、シーンやコーディネートに合わせるとより洗練度がアップします。

## 色だけでなく 大切なのは質感の選び方

種類が豊富なだけに何を選んだらいいかわからないと悩む人が多いです。カラー診断などの肌なじみで選んでもいいのですが、オフィスでは品のいいシアー、華やかな場はグロッシーなど質感を変えて選ぶとトータルバランスが取りやすく、あか抜けた印象を叶えてくれます。

## リップの基礎知識

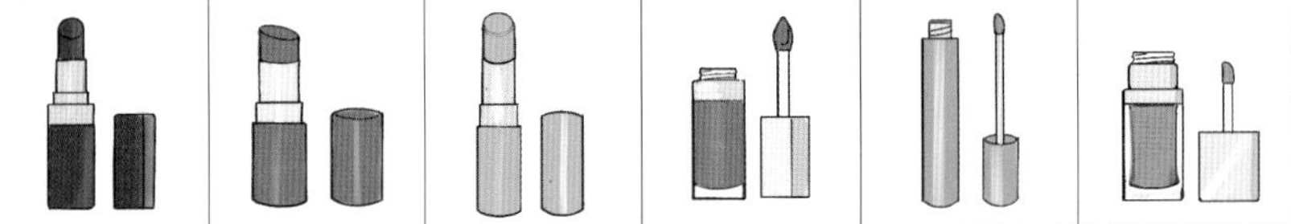

| 種類 | スティック | バーム | クリーム | リキッドルージュ | グロス | オイル |
|---|---|---|---|---|---|---|
| タイプ | 固形 | | | 液状 | | |
| 特徴 | 上品にピタッと密着し、色の密度が濃くしっかり発色 | オイルやワックスが配合されていて保湿力が高い | とろけるようにスルスルと塗ることができる | チップタイプで高発色。ツヤ感も出る | みずみずしいツヤ感と潤い感がある | オイルでしっとりとスキンケア効果を感じる使用感 |
| 仕上がり | 高発色、上品 | シアー | クリーミー | 高発色、ふっくら | みずみずしい | むちっと感 |
| おすすめの人 | ・メイク初心者<br>・上品な印象が好きな人 | ・透け感の仕上がりが好みの人<br>・唇の乾燥が気になる人 | ・ふっくら仕上げたい人<br>・唇の乾燥が気になる人 | ・唇にボリュームがほしい人<br>・華やかな印象を好む人 | ・唇にボリュームがほしい人<br>・ツヤ感を出したい人 | ・むっちり感がほしい人<br>・唇の乾燥が気になる人 |

# リップの塗り方

唇が乾燥しているとリップカラーが発色しにくいので、しっかり保湿しましょう。
中心から塗るとムラなく、自然な仕上がりになります。

ティントを塗る場合は
油分が残っていると
発色しにくいので、
保湿の後はティシュオフ
してね

## STEP 1

保湿する

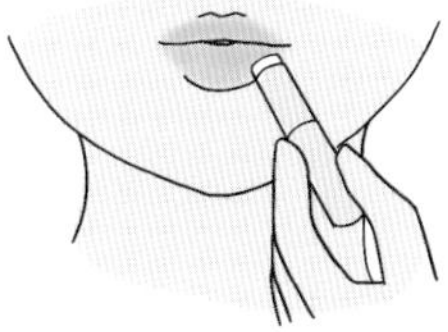

リップクリームなどで、唇全体を保湿します。

## STEP 2

中心を塗る

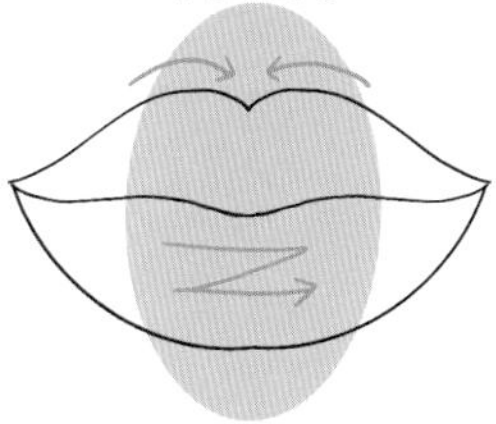

上唇はリップの山をなぞるように塗り、下唇の中央は往復するように塗ります。

## STEP 3

口角を塗って仕上げる

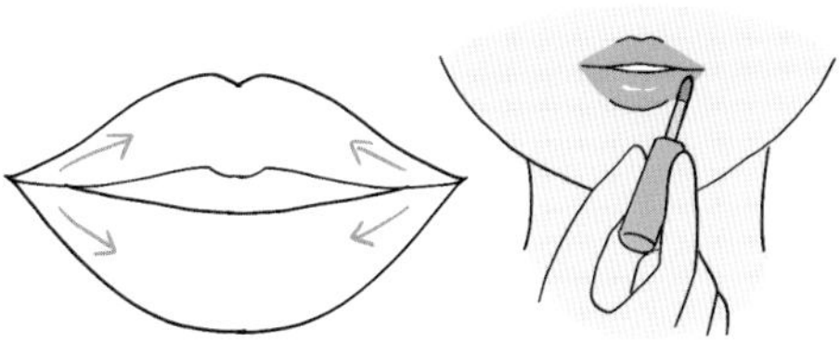

口角から中央につながるように塗ります。口を軽く開けると上手に塗れます。

# リップの色選び

この4色の印象について知っておけば、色選びに困りません。
シーンや気分に合わせて楽しみましょう。

**ナチュラル・シック**

ブラウン

濃いブラウンはダークな印象があるが、ベージュブラウンなどは肌なじみがよくおしゃれな印象。

**華やか**

レッド

存在感のあるカラーで、華やかなパーティーシーンにおすすめ。

**ヘルシー・カジュアル**

オレンジ

元気で好印象なカラー。デイリー使いから休日メイクまで幅広くおすすめ。

**ピュア・可愛い**

ピンク

上品な印象から可愛い印象までお手のもの。デートにもおすすめ。

スマート ⟷ 可愛い

## なりたい印象に合わせて質感を選ぼう

# 質感別リップチャート

同じ色でも質感が異なると印象が大きく変わります。
なりたい雰囲気やシーンに合わせて選ぶべきリップの質感が
ひと目でわかるチャートを作ったので参考にしてください。

### 「ツヤ」と「マット」でどう印象が変わる？

極端なツヤやマットは華やかでインパクトが強いです。程よいツヤやマットはより自然な印象に仕上がります。

ツヤ
↑
インパクト
ナチュラル
インパクト
↓
マット

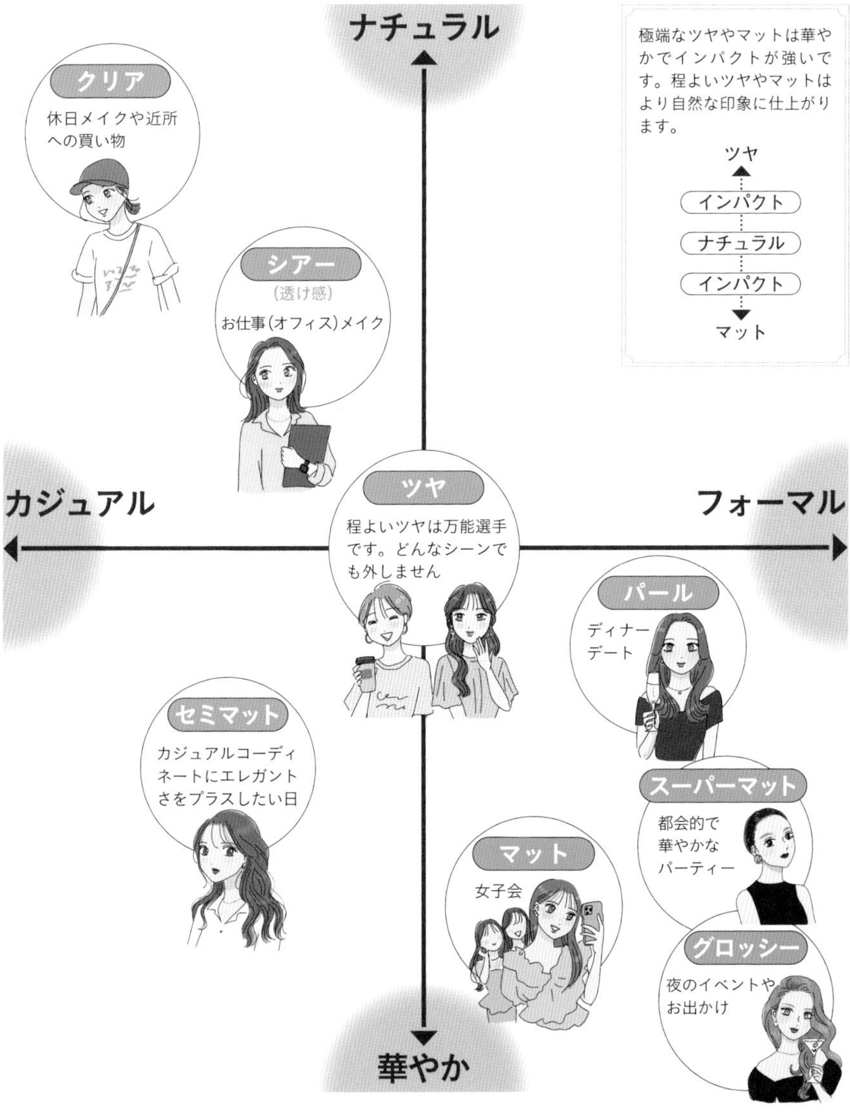

ナチュラル
カジュアル
フォーマル
華やか
クリア
休日メイクや近所への買い物
シアー
（透け感）
お仕事（オフィス）メイク
ツヤ
程よいツヤは万能選手です。どんなシーンでも外しません
パール
ディナーデート
セミマット
カジュアルコーディネートにエレガントさをプラスしたい日
マット
女子会
スーパーマット
都会的で華やかなパーティー
グロッシー
夜のイベントやお出かけ

# 眉毛とリップのコーディネート

眉のスタイルに合わせてリップ選びをすると統一感が出て
洗練された印象になります。ぜひ取り入れてみてください。

## アーチ眉

**可愛らしい、愛され印象をベースに**

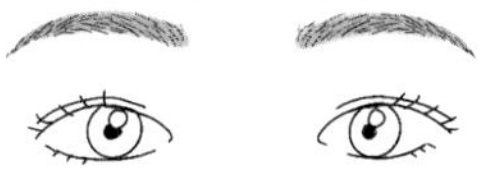

**〈リップ〉**
**色**：ピンク
**質感**：ツヤ
**形状**：グロス

↓

**キュートな印象に**

## 平行眉

**大人っぽい印象をベースに**

**〈リップ〉**
**色**：くすみピンク
**質感**：セミマット
**形状**：スティック

↓

**上品で抜け感のある印象に**

## キリッと眉

**かっこよく頼りがいのある印象**

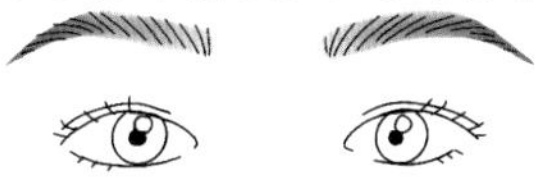

**〈リップ〉**
**色**：レッド
**質感**：マット
**形状**：スティック

↓

**シャープでスタイリッシュな印象に**

## うぶふわ眉

**自然な印象、抜け感のある印象をベースに**

**〈リップ〉**
**色**：コーラルカラー
**質感**：ツヤ
**形状**：リキッドルージュ

↓

**ナチュラルでヘルシーな印象に**

教えて！　さゆりさん

# リップのお悩み・解決テク

唇が荒れる、トレンドのくすみカラーの使い方など
リップのありがちなお悩みにお答え！　保湿力や質感に注目して。

**お悩み 1**

〈 A子 〉

荒れた唇でも
可愛いリップが塗りたい！

メイク初心者。メイクを頑張りたくて、いろいろ使っているが、唇がカサカサで何を塗っても乾燥して見える。ティントを使うと落ちてきたときに縦じわが目立つのが悩み。

**解決テク**

## 保湿力と美容効果の高いセラム系リップを使う！

美容成分がたっぷり含まれたセラム系リップを選べば、唇のカサカサを解消できます。可愛い色付きアイテムもたくさんありますよ！

### おすすめアイテム

プランピングリップセラム 03／コスメデコルテ

エテュセ　リップエディション（ティントルージュ）R01／エテュセ

### おすすめアイテム

すっぴんの唇がさりげなく盛れたような、ピュアな血色感とふっくら感。

フジコ 朝可愛グロス／かならぼ

スフレのようにふわっと唇を色付けるマットリップ。パサつきを感じにくいのも嬉しい。

ザ マット リップ リキッド　023／アディクション ビューティ

透け感のある軽めのマットリップ。オフィスメイクとしても使いやすい。

セザンヌ　スフレアリップ 01／セザンヌ化粧品

色持ちが良いリップが欲しいならこれ。むっちり魅力的な唇に仕上げてくれる。

RMK デューイーメルト リップカラー 03／RMK Division

**お悩み 2**

〈B子〉
流行のくすみピンクを
使っているけど、
自分に似合っているのか
わからない！

メイク中級者。SNS でバズっている透明感が出るくすみピンク、ローズ系を使っているが、自分に合っているのかわからない。仕事中にすぐにリップが落ちるのも悩み。

**解決テク**

## 質感と色を見直して、オフィスメイクに合ったリップを選ぶ

### ❶ 質感を適度なツヤに変える

ぷるぷるで過度なツヤ系のリップは色が落ち着いていても色っぽく、オフィスにはミスマッチな印象。軽めでツヤ系のスティックタイプを選ぶと良いです。

ぷるぷるの
グロス系

➡ ツヤ系
スティック

### ❷ 色は好印象なコーラル系

くすみピンクカラーはオフィスメイクだと暗く見えてしまうかも。どんな色が良いか迷ったらピンクとオレンジの良いとこ取りの好印象なコーラルカラーを選んでみて。ティントタイプからスティックタイプに変更するとさらにフォーマルな印象に。

くすみピンクの
ティント ➡ コーラル系の
スティック

**おすすめアイテム**

エクセル リップステディ SD02
／常盤薬品工業

モイスチャー グレイズ リップスティック 02
／SUQQU

とにかく滑らかで透明感と多幸感が演出できます。1本持っておいて損なし。

モイスチャー グレイズ リップスティック 02 ／ SUQQU

カジュアルコーディネートに合わせやすいおしゃれリップ。色持ちも良い。

Laka フルーティーグラムティント 108 ／ Laka

透けるようなマットな仕上がり。このカラーはブルーベリーのようなブラウンカラーでお気に入り。

クラッシュド リップ カラー ブラックベリー／ボビイ ブラウン

スキンケア成分たっぷりで潤ってふっくらとした口元に。ほんのり色づくのも嬉しい。

キスキス ビー グロウ オイル 309 ／ゲラン

メイクのことから
プライベートまで

T.P.Oに合わせたメイクとは？
子育て中のメイクのコツは？
自分のご機嫌はどうしている？

# さゆりさんに聞きたい！
# お悩み相談室Q&A

メイクの細かい悩み、モチベーション、プライベートのことなど
さゆりさんに聞いてみたいことを大募集しました！
メイクのテクニックからマインドに関してのお悩みまでたっぷりお答えしています。
ぜひ参考にしてくださいね！

## Q1

**T.P.O に合わせたメイクが知りたいです。
フォーマル、パーティ、カジュアルなど、
メイクにどのような違いを出せばいいのか
教えていただけたら嬉しいです。** (AM さん・40 代)

## A1

メイクの濃さや色合いを変えるとなると、普段の自分との変化が大きすぎて落ち着かない方も多いと思います。そんなときはメイクの質感を変えると良いですよ！　本書でも紹介していますが、カジュアルシーンなら透け感のあるリップ、フォーマルなシーンならパキッとマット系を塗ってみても良いかもしれません！

そしてハイライトの使い分けもおすすめ。華やかにしたいときはきらきら感のしっかり出るものを塗る、もっとラフな気分の時はサラッとまとえるスティック系ハイライトを塗るだけで、雰囲気がガラリッと変わりますよ。

## Q2

**季節や天気によって、メイクを工夫すると印象よく見えるコツがあれば知りたいです。
暑い日のアイメイクはあっさりと色味使わずにラメだけにして、チークはオレンジ系でフレッシュにしてみるなど自分なりに工夫してみるのですが、さゆりさんが心がけていることや工夫していることがあったら知りたいです。**
(メープルさん・40 代)

## A2

“印象よく見えるコツ”で言うと「天気」より「湿度」を考えると良いかもしれないですね！湿度が高いと肌もベタつきやすいしまつ毛も下がりやすい。そんなときは、下地を普段よりサラッとしたタイプにしたり、マスカラはカールキープ力の高いものを選んだりすると良いです。

湿度が低く乾燥が気になる季節なら、ベースメイクの仕上げに保湿ミストをひと吹きしたり、リップオイルを取り入れてみたりするとみずみずしい印象になって好印象になれると思います！

## Q3 さゆりさんが1番こだわってメイクしているパーツはどこですか？（ともみんごさん・30代）

**A3** ベースメイクと眉毛ですかね！
休日などは軽めのベースメイクに仕上げると心も軽やかになりますし、気持ちをピシッとさせたいときは肌作りを丁寧にすることで内面から自信に満ちる感じがします。
眉毛は表情を作るパーツなので、信頼関係を作りたいときはしっかりめに、気を許している仲間と会うときは軽く色付ける程度で仕上げます。

## Q4

**お化粧の濃い、薄いの境界線がわかりません。写真を撮るとお化粧していない人みたいになるときもあれば、自分でアイメイクが濃いかも？　と思うときがあります。
ちょうど良い判断基準が知りたいです。**
（えら呼吸さん・50代）

**A4**
これは難しいですよね〜！　各々の感覚によりますが、周りから「今日雰囲気良いね！」など全体のことを褒めてもらえる場合はメイクが全体のコーディネートとなじんでいるので、濃さとしてちょうど良いのかなと思います。
また、そこまでメイクが濃くない人でも、服装がシンプルで髪の毛が寝起きのままだとメイクだけが浮いて濃く見えるので“このくらい塗っているから濃い薄い”ではなく、全体の雰囲気に合っているかが大切な気がします！　本書だとP.132のリップの解説部分を参考にしてくださいね。

## Q5

**いつもメガネをかけているので、いろんなメイクをしても大体似たりよったりになってしまいます。
メガネでもパッと印象チェンジできる方法はありますか？**
（ようこさん・30代）

**A5**
眉毛とリップメイクで雰囲気を変えるのはどうでしょう？　平行眉に仕上げたらマット系のリップで凛とした印象に、ふんわりアーチ眉に仕上げたら、リップグロスなどで可愛さを演出すると良いです。

## Q6 子育ての日々、寝不足や疲れなどでお疲れ顔になってしまうときにメイクをしても盛れなくて悩んでいます。さゆりさんはどうやって心も顔も盛っていますか？ キラキラの顔になりたいのですが、しんなり顔で悩んでいます。

（ぽぽ美さん・30代）

**A6** まず大前提、子育てを日々頑張っているあなたはとてもすばらしくて美しいと思います！

人生にはいろんなライフステージがあるので、その時々で“美”との向き合い方も変わって当然。自分にかけられる時間が限られているときは、ちょっとしたことで美容の楽しさを感じてみてください。例えば、「今日はフルメイクする元気はなかったけど、リップスクラブで唇ツルツルにケアできた！」とか。この“小さなコツコツを楽しめるマインド”が心も顔もキラキラになる秘訣な気がします。

## Q7

両目の二重幅が違うので、同じ広さにアイシャドウをのせても目の印象が異なります。（片方が幅広めの二重、片方が奥二重）バランスをとるコツがあれば知りたいです！（MIDORIさん・30代）

**A7**

眉毛のアンダーライン（下ライン）の形や高さを左右で揃えるだけで、目の左右差ってそこまで気にならないんですよ。

目と眉は必ずセットで見られているので、上まぶたの左右差が気になるのであれば、そこに近い眉の下ラインを合わせてしまえば自然と左右差は気になりませんし、特別なテクニックも不要です。

## Q8 月並みですが、さゆりさんの素敵だと思う歳の重ね方を教えてください。

（ながさん・40代）

**A8** いつまでも少年少女のように好奇心が旺盛で、さまざまなことにチャレンジし続け、自分にも人に対しても愛情深く歳を重ねられたら、素敵だなと思います。

## Q9

**メンズメイク初心者です！
男性特有の皮脂分泌の多さがあるので、ベースメイクはマット寄りにすべきかとは思うんですが、年齢的にマットだと肌の老け込みが目立つ気がします……。こんなときはどっちが好印象になるでしょうか？**
（さっきーさん・30代）

## A9

脂性肌さんであれば下地はマットでサラッとするほうが良いと思いますが、ファンデーションはツヤ系にしても良いと思います！
薄く少量ずつ重ねて塗ってみてくださいね。フェイスパウダーはテカリやすい部分はパフで、そうでない部分はブラシでツヤを残すように塗ってみて。

## Q10

**このお仕事に就くためにどう勉強されましたか？
娘が憧れています。アドバイスが欲しいです。**
（masarisaさん・40代）

## A10

私は大学とダブルスクールでメイクの学校に通っていました。大学生の頃、かっこいいなと思うメイクさんに会いに海外まで行ったのがきっかけだったのですが、まずは行動してみることで、本当にやりたいことなのか？　それなら、どうすれば良いのか？が明確になっていく気がします！
頑張ってください。

## Q11

**自分の機嫌をとるためにやられていることは？
推しはいますか？**（けいこさん・40代）

## A11

仕事の帰りにカフェで好きなドリンクを買って帰るか、コンビニでアイスを買って帰るとルンルンになります♪　推しはいませんが、推し活をしている友だちを見ると一生懸命で可愛らしくてキュンとします。笑

# おわりに

最後まで読んでくださりありがとうございました。

この本で、「なぜメイクがうまくいかないのか？」という自分ではハッキリ言語化できない〝違和感〟が、解消されたら嬉しいです。何かを学ぶときって理解できないと楽しさを見出せないけれど、そもそも楽しくないと学ぶ意欲すら湧きませんよね。だからこそ、漫画で楽しさを、イラストでわかりやすさを出すことにこだわりました。

私がメイク動画配信でいつも心がけている〝最後まで誰も置いてけぼりにならないように解説したい！〟という思いを忘れずに、最後まで書き進めました。メイクは娯楽で、衣食住のように生活に関わることではありません。だからこそ、伸び伸びと楽しみながら日常に取り入れてほしいのです。また、これからは、メイクについてはもっと自由度が高く大胆になる時代がくると思います。

そうなったときに何が大切か、それは「メイクの理論を知っている」と言うことです。メイクの基本理論を「木の幹」だとすると、応用は幹から広がっていく「枝葉」のようなもの。木の幹がしっかりしていればいくらでも枝葉を増やすことができ、迷いが出たら幹に戻って見直してみれば良い。

そうすることで、トレンドや情報だけに流されず、自分らしいメイクができますよ。

そんないつでも戻って来られる「木の幹」のような存在に、この本がなれたらとても嬉しく思います。

令和6年7月　メイクアップアーティスト　兵藤小百合

# 協力会社一覧

本書内で紹介した商品情報、下記の情報は 2024 年 7 月 1 日現在の情報です。あらかじめご了承ください。

| | |
|---|---|
| アディクション ビューティ | TEL：0120-586-683 |
| RMK Division | TEL：0120-988-271 |
| イミュ | TEL：0120-371-367 |
| ウエダ美粧堂 | TEL：072-948-1034 |
| ウエルシア薬局サービスセンター | TEL：0120-119-358 |
| UZU | TEL：0120-963-277 |
| エチュード | TEL：0120-964-968 |
| エテュセ カスタマーセンター | TEL：0120-074-316 |
| エレガンス コスメティックス | TEL：0120-766-995 |
| かならぼ | TEL：0120-91-3836 |
| カネボウ化粧品 | TEL：0120-518-520 |
| 株式会社 Nuzzle | TEL：0120-916-852 |
| 株式会社バルクオム | TEL：0120-315-869 |
| 韓国高麗人蔘社 | TEL：03-6279-3606 |
| KISSME（伊勢半） | TEL：03-3262-3123 |
| キューティス | TEL：0120-005-236 |
| クリニーク お客様相談室 | TEL：0570-003-770 |
| クレ・ド・ポー ボーテ お客さま窓口 | TEL：0120-86-1982 |
| ゲランお客様窓口 | TEL：0120-140-677 |
| Koh Gen Do（こうげんどう） | TEL：0120-700-710 |
| コスメデコルテ | TEL：0120-763-325 |
| コーセー | TEL：0120-526-311 |
| コーセーコスメニエンス | TEL：0120-763-328 |
| 資生堂 お客さま窓口 | TEL：0120-81-4710 |
| SHISEIDO お客さま窓口 | TEL：0120-587-289 |
| SUQQU | TEL：0120-988-761 |
| SNIDEL BEAUTY | TEL：03-5774-5565 |
| THREE | TEL：0120-898-003 |
| セザンヌ化粧品 | TEL：0120-55-8515 |
| ディー・アップ | TEL：03-3479-8031 |
| 常盤薬品工業株式会社 お客さま相談室（サナ） | TEL：0120-081-937 |
| to/one | TEL：03-5774-5565 |
| NARS JAPAN | TEL：0120-356-686 |
| パルファム ジバンシイ［LVMH フレグランスブランズ］ | TEL：03-3264-3941 |
| パルファン・クリスチャン・ディオール | TEL：03-3239-0618 |
| ブリリアージュ | TEL：0120-202-885 |
| ベアミネラル | TEL：0120-24-2273 |
| ボビイ ブラウン | TEL：0120-950-114 |
| マキアージュ お客さま窓口 | TEL：0120-456-226 |
| MAKE UP FOR EVER | TEL：03-5212-3300 |
| Laka | TEL：0120-201-790 |
| Rainmakers | TEL：0120-500-353 |
| ローラ メルシエ ジャパン | TEL：0120-343-432 |

**兵藤小百合**（ひょうどう さゆり）

メイクアップアーティスト。ニューヨークやパリなどでの中期滞在経験有。広告・映像・スチール撮影など、さまざまな「美」に対する仕事に幅広く携わっており、自身の YouTube チャンネル「さゆりメイク」にて、プロ視点でのメイク動画を配信中。テレビ番組や雑誌やラジオなどさまざまなメディアにも出演。メイクアップショーやイベントへの出演、メイク講座なども行っている。SWEE 所属。YouTube：@sayuri-makeup

STAFF
カバー、本文デザイン：橋本 文
漫画・イラスト：菜々子
校正：聚珍社
マネジメント：栗田絵理（株式会社 SWEE）
制作・編集協力：百田なつき
企画・編集：石塚陽樹（マイナビ出版）

# 一生使える理論が身につく
# 大人の学びなおしメイク

2024 年 7 月 30 日　初版第 1 刷発行
2024 年 12 月 9 日　　第 4 刷発行

著　者　兵藤小百合
発行者　角竹輝紀
発行所　株式会社マイナビ出版
〒 101-0003
東京都千代田区一ツ橋 2-6-3 一ツ橋ビル 2F
電話 0480-38-6872（注文専用ダイヤル）
03-3556-2731（販売）
03-3556-2738（編集）
URL https://book.mynavi.jp
印刷・製本　シナノ印刷株式会社

※定価はカバーに表示してあります。
※落丁本、乱丁本についてのお問い合わせは、TEL0480-38-6872（注文専用ダイヤル）、
電子メール sas@mynavi.jp までお願いします。
※本書について質問等がございましたら、往復はがきまたは返信切手、返信用封筒を同封のうえ、
㈱マイナビ出版編集第 2 部書籍編集課までお送りください。お電話での質問は受け付けておりません。

ISBN978-4-8399-8521-9